21世纪经济管理新形态教材·创新创业教育系列

INNOVATION AND
ENTREPRENEURSHIP TUTORIAL
FOR COLLEGE STUDENTS

大学生创新创业教程

主　编◎孔　健　刘　瑛　任丽娟

副主编◎杨润芝　李　亚　马旭娟　陈　蕊

清华大学出版社
北京

内 容 简 介

大众创业，万众创新，青年是创新创业的生力军，大学生是创新创业活动的主体，创新创业能力已经成为当代大学生步入职场、实现职业生涯发展的基本素养、必备进阶和核心竞争力。因此，创新创业教育是高职院校大学生的必修课。只有充分发挥学校的育人主体作用、政府的支撑与保障作用、企业的示范带动作用，才能通过多方参与形成合力，共同打造创新创业教育的生态系统。本书的编写遵循基于工作过程系统化的课程开发理念，以大学生创新创业需求为导向，以掌握创新创业要素为基础，以创新创业实操训练为载体，采用行动导向、任务驱动的教学模式，学练结合，知行合一，培养大学生的创新创业意识，提升大学生的创新创业能力。

图书在版编目（CIP）数据

大学生创新创业教程 / 孔健，刘瑛，任丽娟主编.

北京 ：清华大学出版社，2024. 11. -- (21 世纪经济管理新形态教材).

ISBN 978-7-302-67680-5

Ⅰ．G647.38

中国国家版本馆 CIP 数据核字第 20249MF183 号

责任编辑：付潭蛟

封面设计：胡梅玲

责任校对：王荣静

责任印制：丛怀宇

出版发行：清华大学出版社

　　　　　网　　　址：https://www.tup.com.cn，https://www.wqxuetang.com

　　　　　地　　　址：北京清华大学学研大厦 A 座　　　　　邮　　编：100084

　　　　　社 总 机：010-83470000　　　　　邮　　购：010-62786544

　　　　　投稿与读者服务：010-62776969，c-service@tup.tsinghua.edu.cn

　　　　　质 量 反 馈：010-62772015，zhiliang@tup.tsinghua.edu.cn

　　　　　课 件 下 载：https://www.tup.com.cn，010-83470332

印 装 者：大厂回族自治县彩虹印刷有限公司

经　　销：全国新华书店

开　　本：185mm×260mm　　　　　印　张：12.25　　　　字　　数：266 千字

版　　次：2024 年 11 月第 1 版　　　　　印　　次：2024 年 11 月第 1 次印刷

定　　价：46.00 元

产品编号：105974-01

前　言

在全球化、信息化的今天，创新已成为国家的核心竞争力。大学生作为国家未来发展的生力军，其创新创业能力对于中国式现代化建设意义重大。大学生创新创业活动有助于推动战略性新兴产业的发展，促进传统优势产业的转型升级，为新时代中国经济社会高质量发展注入内生动力和创新活力。

本书通过引入创新理念、创业方法和实践案例，引导大学生更加深入地了解创新创业的内涵和价值，沉浸式体验创新创业活动，掌握创新创业实操技能，从而激发自己的创新精神和创业热情。

本书主要具有以下特点。

首先，强调培养学生的创新思维和创业精神。本书结合大学生实际，从如何发现问题、分析问题、提出解决方案等环节进行全面阐述，引导学生关注市场需求和行业发展趋势，帮助学生提高创新能力和商业洞察力，培养创新思维，激发创业精神。

其次，注重实践性和应用性。本书采用教学案例场景化、教学内容项目化、教学过程任务化的方式来组织教材内容，通过案例分析、实践项目等方式，帮助学生了解创新创业的实际操作，使教学更加生动、具体，有助于学生更好地理解和应用所学知识，从而提高他们的实践能力。

最后，体现多元化的创新创业教育模式，教程涵盖课程教育、实践教育、竞赛教育、创业孵化等多个层级，形成了系统化、多元化的创新创业教育体系。

本书在河北正定师范高等专科学校领导的大力支持下，由孔健、刘瑛、任丽娟担任主编，杨润芝、李亚、马旭娟、陈蕊担任副主编。感谢河北正定师范高等专科学校党委书记、校长陈嘉兴为本书审稿并提出宝贵意见。

在编写过程中，编者参考了国内外的相关著作和论述，在此向相关作者表示由衷的感谢！

由于编者水平有限，书中难免存在疏漏之处，敬请广大读者批评指正。

编者

2024 年 4 月

目　录

模块一　"双创"初体验···1

　　主题一　初识创新——创新的内涵·······································1

　　主题二　解读创业——创业的内涵·······································7

　　主题三　时代之举——创新创业的意义································12

模块二　发现好问题···19

　　主题一　多次深入提问——5WHY 分析法······························19

　　主题二　全面多角度提问——5W2H 分析法····························25

　　主题三　站在对方角度提问——同理心地图法·························29

模块三　想出好主意···35

　　主题一　开启探索问题之门——创新思维····························35

　　主题二　探索问题的多种可能性——发散思维························40

　　主题三　探索问题的共同特征——收敛思维··························44

　　主题四　探索问题新的可能性——联想思维··························48

模块四　解决难问题···54

　　主题一　鼓励提出任何想法——头脑风暴法··························54

　　主题二　逐一列举所有问题——列举分析法··························59

　　主题三　对照检查九个事项——奥斯本检核表法·····················66

　　主题四　灵活组合不同要素——组合创造法··························74

模块五　分析大环境···81

　　主题一　评估环境——创业环境······································81

　　主题二　了解政策——创业政策······································86

　　主题三　识别机遇——创业机会（一）·······························91

　　主题四　识别机遇——创业机会（二）·······························96

　　主题五　识别机遇——创业机会（三）······························101

　　主题六　防范风险——创业风险·····································106

模块六　尝试创业路 ·· 112

　　主题一　提升素养——创业者素质 ·························· 112

　　主题二　打造团队——创业团队 ···························· 119

　　主题三　整合资源——创业资源 ···························· 124

　　主题四　筹措资金——创业融资（一）···················· 127

　　主题五　筹措资金——创业融资（二）···················· 134

模块七　提出优方案 ·· 140

　　主题一　设计方案——商业模式 ···························· 140

　　主题二　创新方案——商业模式画布 ······················ 144

　　主题三　形成方案——商业计划书 ························· 154

模块八　检验新成果 ·· 161

　　主题一　项目转化——科技成果转化 ······················ 161

　　主题二　比赛验证——创新创业大赛 ······················ 169

　　主题三　创办企业——初创企业的类型及申报流程 ·········· 176

参考文献 ·· 186

模块一

"双创"初体验

【背景描述】

大学生是宝贵的人才资源，大学生创新创业是大众创业、万众创新的重要力量。国家尤其重视大学生创新创业教育，助力千千万万大学生创新创业活力竞相迸发，充分释放。本模块帮助同学们了解国内外大学生创新创业的现状和新理念，明晰学习创新创业课程的重大意义，熟悉国家关于创新创业教育的相关政策和制度。

主题一 初识创新——创新的内涵

学习目标

1. 理解创新的内涵及主要特点。
2. 了解创新兴趣的内涵及作用。
3. 能够探索并持续关注自我的创新兴趣。

引导案例

中国高铁

2008 年 8 月 1 日，我国开通第一条京津城际高速铁路。截至 2022 年，我国铁路营业里程从 2012 年的 9.8 万公里增长到 2022 年的 15.5 万公里，其中高铁从 0.9 万公里增长到 4.2 万公里，稳居世界第一。

实际上，中国高铁发展起步较晚，当时，世界上已经有日本、法国、德国等国家建成高铁，掌握了先进技术，但我国凭借多年的自主探索和技术创新，形成了动车组总成（即系统集成）等高铁九大核心技术。最值得一提的是，在发展的过程中形成了中国标准和中国方案。世界银行发布的《中国的高速铁路发展》指出，中国高铁的发展经验值得别国借鉴。报告认为，中国的《中长期铁路网规划》为高铁体系发展提供了清晰框架。与此同时，凭借设计和程序标准化，中国高铁建设成本约为其他国家建设成本的三分之二。依靠创新，中国高铁让人民群众有了更多获得感、幸福感和安全感，同时成为世界领先的产业，为世界高铁建设提供了中国方案。

案例简评：据统计，截至 2021 年 6 月底，中国高铁已累计安全运行 92.8 亿公里，相当于绕地球 23.2 万圈，安全运送旅客 141.2 亿人次，是世界公认最安全的高铁。作为中国高铁关键核心技术之一，CTCS-3 级列控系统的自主研发标志着中国高铁技术装备领域的突破，自主创新成为中国高铁的"核心密码"，促使中国加速向交通强国迈进，成为中国对外展示的一张亮丽名片。成功的背后，离不开科技工作者的自主创新，更离不开国家创新驱动发展战略的有力保障。党的十八大以来，以习近平同志为核心的党中央坚持把科技创新摆在国家发展全局的核心位置，深入实施创新驱动发展战略，高度重视科技创新。创新驱动是国家命运所系。国家力量的核心支撑是科技创新能力。创新强则国运昌，创新弱则国运殆。

资料来源：1. https://www.gov.cn/xinwen/2023-01/13/content_5736816.htm.
2. https://m.thepaper.cn/baijiahao_19999730.

知识准备

一、创新的内涵

（一）拉丁语词源中的创新概念

从词源上讲，创新（innovation）一词起源于拉丁语的"innovare"。"innovare"的拉丁词根"nova"意思是"新的"，加上前缀"in"表示动词化，具有"更新"的含义，意味着对原来的东西予以更新和改造，是以新思维、新发明和新描述为特征的一种概念化过程。它有三层含义：更新、创造、改变，"创新"并不是说从无到有发明一个全新的事物，实际上对各种产品、工作方法、商业模式、服务模式的改进都属于创新。例如，科大讯飞的系列产品、共享单车、共享充电宝、使用一种新的学习方法、参与项目等。

（二）经济学界的创新概念

奥地利经济学家约瑟夫·熊彼特在 1912 年首次系统提出创新（innovation）理论，他把创新定义为"建立新的生产函数"，即把一种新的生产要素与生产条件的"新结合"引入生产体系。创新不一定局限于技术领域，它的前提是解决问题，比如技术流程、商业模式、供应链等非技术层面的创新。开发新产品，如计算机、手机的发明；采用新的生产方法，如节能、减排的新能源汽车；开辟新市场，如"一带一路"国家新市场；找寻新的供应来源，如天然气代替传统的煤炭；实现一种工业的新组织，如垄断组织或打破垄断。

（三）广义的创新概念

广义的创新是以现有的思维模式，提出新思路、新见解，在特定的环境中，为满足个人或社会的需要而改进或创造新的事物、方法、元素、路径、关系、环境等，并能获得一定社会价值的行为。创新的基本要素就是新颖性、有价值和可行性。在中国发展史上，涌现出一大批宝贵的创新财富：战略创新，如农村包围城市，武装夺取政权等；政策创新，如"一国两制""经济特区"等国家政策；国家间的商业模式创新，如"一带一路"。从这些创新的背后，我们不难发现，创新是人类特有的认识能力和实践能力，是人类主观能动性的高级表现，是推动我们民族进步和社会发展的不竭动力。一个民族要想走在时代前列，不能没有创新思维，不能停止创新。

二、创新的主要特点

（一）目的性

创新活动都有一定的目的。例如，建筑行业为了提高传统建筑材料的实用性和美观性，生产出了液体壁纸、天然无水粉刷石膏等新型材料。这些新型材料不仅提高了施工人员的使用效率，价格也更便宜，且外观更符合当代社会的审美要求。所以，创新活动是为了解决实际存在的一些问题，使产品推陈出新，使行业不断进步。

（二）变革性

创新是对已有事物的改进和革新。例如，纳米技术是世纪之交异军突起的新兴技术，它的出现标志着人类在改造自然方面进入了一个新的层次，即从微米层次深入到原子、分子级的纳米层次，使人类最终能够按照自己的意愿操纵单个原子和分子，以实现对微观世界的有效控制。

（三）新颖性

创新是对现有的不合理事物的扬弃，革除过时的内容，确立新事物。例如，气候变化迫使设计师对自己的产品进行反思，一部分人将海藻等藻类视为塑料和其他材料的可持续替代品，这种纺织品富含抗菌成分和抗氧化剂，对婴儿的皮肤有益，因此被应用于婴幼儿产品设计。设计师使用一种由海藻和桉树组成的织物，服装中纤维、染料、颜色和珠状装饰等都由海藻和木材制成，为时装材料创造了可持续的替代品。

（四）价值性

创新有较突出的价值，在经济社会中能产生一定的效益。例如，泡沫金属作为一种新型材料，应用于多个行业和领域。由于其自身特性非常多，不仅具有非常好的抗压性，而且可塑性和可加工性也很好，目前广泛应用于航空航天领域和军事领域，并且泡沫金属作为一种轻质构造材料，被广泛应用于工业领域。

三、创新兴趣

（一）创新兴趣的内涵

创新兴趣的内涵主要涵盖了人对新事物的好奇心、探索欲望，以及对其产生的积极情感与态度。它表现为一种强烈的心理倾向，推动人们去主动认识、理解和改进旧有事物，从而创造出新的、有价值的事物或方法。创新兴趣不仅仅是一种心理现象，它更是一种动力源泉，能够激发人们的创新潜能，使他们在面对挑战和困难时，能够保持持久的热情和毅力，不断追求创新的目标。此外，创新兴趣还体现了一种对未知领域的探索精神和对创新的开放态度。它鼓励人们打破常规，挑战传统，勇于尝试新的思路和方法，从而推动社会的进步和发展。

（二）创新兴趣的作用

1. 激发创新动力

创新兴趣是人们追求新知识、新技术和新方法的内在驱动力。当个体对某个领域或问题产生浓厚兴趣时，他们会更加主动地去探索、学习和实践，从而推动创新的产生和发展。

2. 提高创新效率

拥有创新兴趣的人更容易沉浸在相关领域中，对问题有更深入的思考和理解。这种深入的钻研有助于发现问题的本质，提出有针对性的解决方案，从而提高创新的效率和质量。

3. 促进跨学科融合

创新兴趣往往不局限于单一学科或领域。当一个人对多个领域都感兴趣时，他们更容易将不同领域的知识和技术进行融合，创造出更具创新性的成果。这种跨学科的融合有助于打破传统思维的束缚，为创新提供更多可能性。

4. 培养创新人才

创新兴趣是创新人才的重要特征之一。通过培养个体的创新兴趣，可以激发他们的创新潜能，使他们成为具有创新精神和实践能力的人才。这些人才在推动社会进步和经济发展方面发挥着重要作用。

5. 推动社会进步

创新兴趣是推动社会进步的重要力量。当越来越多的人对创新产生兴趣并积极参与其中时，整个社会的创新氛围会更加浓厚，创新成果也会更加丰硕。这将有助于推动科技进步、产业升级和社会发展。

（三）创新兴趣的培养

1. 构建和谐心理环境，培植创新兴趣萌发的土壤

培养创新兴趣的重点内容是要注重兴趣广度的培养，即广泛的兴趣。兴趣有积极和消极之分，积极兴趣对创新活动有促进作用。积极兴趣的培养需要健康和谐的心理环境。研究表明，兴趣与心理健康存在显著相关性，心理健康状况越好的人越具有积极的兴趣，所以，加强心理健康教育非常重要。

2. 培养求异思维，激发创新兴趣

求异思维又称发散思维，是指能从不同的角度进行思考，多角度探求不同见解、不同结论的思维，它是创造性思维的核心。在学习中，要经常运用已学知识进行举一反三，训练求异思维。注重培养敏锐的洞察力，将观察到的事物与已知事物联系起来，发现其内在的联系和本质。在观察中，还要注意意外现象和新线索，洞察其潜在意义，才能抓住机遇，获得创新的突破。

3．培养打破常规、敢于质疑的精神

对习以为常的现象敢于怀疑，对人们异口同声称赞的人和事勇于"挑刺儿"、找问题，对已有的权威持分析、批判的态度。批判和质疑是科学精神的精髓，更是创新的基础。只有从小事做起，从实际问题出发，最后才能做成大事。

实践应用

任务：探索创新兴趣

一、任务背景

正如世界上大多数杰出的科学家一样，袁隆平院士在世时，一直奋战在第一线。本该"颐养天年"，袁隆平却依然奔走在田野。科学探索是没有止境的，追求也是没有止境的。活到老，学到老，他的动力来自于他的梦想。袁隆平说他的梦想很简单，有两个梦：一个是禾下乘凉梦，梦里的水稻长得有高粱那么高，籽粒有花生米那么大；另外一个梦想，就是早日实现水稻亩产 1000 公斤。袁隆平数十年来一直站在水稻育种的最前端，心无杂念，到达了梦想的彼岸。事实证明，这简单的梦想却解决了世界亿万人口的吃饭问题。2021 年，袁隆平院士与世长辞，全国人民深切哀悼这位令人敬仰的科学家，他高大的形象永远刻在我们心中。

二、任务布置

袁隆平的"禾下乘凉梦"说明了什么道理？你认为创新兴趣有什么作用？

三、任务分析

从心理学的角度看，人对什么产生了兴趣，就会在头脑中形成优势兴奋中心，从而使人的注意力高度集中，并能维持很长时间。因为探究的是自己心中向往的东西，所以个体就会呈现情绪饱满、精神愉快、充满自信、联想丰富的最佳状态。

创新兴趣，不仅是推动人们积极从事科技创新工作的动力之一，而且还能使人在艰辛烦琐的科学研究中体会到快乐，并孜孜以求。袁隆平的"禾下乘凉梦"正源于此，很多研究者正是凭借着创新兴趣坚持在科研岗位上，并取得了巨大成就。

四、任务拓展

（一）活动形式

以 5～8 人组建小组开展活动。

（二）活动要求

（1）了解创新兴趣的内涵，认识创新兴趣的作用，进而发现个人创新兴趣。

（2）借助网络或书籍，查找6位名人关于创新兴趣作用的名言警句，并谈谈你的理解。

（三）活动步骤

（1）结合创新兴趣的重要性和作用，阐述袁隆平的"禾下乘凉梦"蕴含的道理。

_____

_____

_____

（2）借助网络或书籍，查找6位名人有关创新兴趣作用的名言警句，并谈谈你的理解。

人物	名言警句	理解

（四）活动总结及讨论

（1）请列出自己的创新兴趣。

领域	你对该领域感兴趣的方面	该创新兴趣的价值

（2）讨论如何培养自己的创新兴趣。

_____

_____

_____

◎ 思政园地

党的二十大报告提出，坚持创新在我国现代化建设全局中的核心地位。这表明，党把创新视为推动国家发展的重要力量，将其放在至关重要的位置，体现了中国共产党对新时代精神的深刻把握和积极践行。通过创新，可以不断推动产业升级、提高产品质量和效益，促进经济高质量发展。这对于实现全面建设社会主义现代化国家的目标具有重要意义。创新能力的提升可以增强国家的国际竞争力。在当前国际形势下，拥有自主创新能力对于维护国家安全和利益至关重要。创新不仅在经济领域发挥着重要作用，也在社会领域产生着深远影响。创新在医疗、教育等领域的应用，提高了人民的生活质量和幸福感。

资料来源：根据公开资料整理。

主题二　解读创业——创业的内涵

学习目标

1. 理解创业的内涵，并能识别不同类别的创业主张。
2. 能够说明创业的基本要素及作用。
3. 能够使用调查问卷的方法分析大学生创业的现状。

引导案例

民营光伏电站之王
——浙江正泰新能科技有限公司

浙江正泰新能科技有限公司（以下简称正泰新能）成立于1997年8月，可追溯至20世纪80年代南存辉与友人创办的乐清县求精开关厂。2006年，长期经营传统电气设备的南存辉开始谋求转型，进军光伏制造领域，3年后又进入光伏电站领域。目前，浙江正泰新能科技有限公司是一家具备系统集成和技术集成优势的清洁能源解决方案提供商。2013年，正泰新能牵头发起了50亿规模的浙江绿丝路基金，在甘肃民勤县红沙岗镇建设了50兆瓦的光伏电站，项目建成至今，1.2平方公里的土地实现了绿化。抓准"一带一路"的机遇，正泰新能业务遍及全球140多个国家和地区。

正泰新能战略发展中心副总经理王荟在中国光伏行业协会主办的研讨会中分享正泰新能"光伏+农林牧渔"建设经验，王荟介绍，正泰新能积极探索"光伏+"模式，在乡村振兴模式、"光伏车棚+电动自行车充电桩"、"光伏+铁塔"、"光伏+交通""光伏+光热"等综合应用的光伏。在全球，正泰新能积极参与"一带一路"共建，在多个国家和地区开展光伏电站建设与EPC服务，努力让世界共享绿色能源。

资料来源：1. https://baijiahao.baidu.com/s?id=1768256828255889379&wfr=spider&for=pc.
2. https://zjnews.zjol.com.cn/system/2015/03/03/020531388.shtml.

案例简评：2020年9月，中国明确提出2030年"碳达峰"与2060年"碳中和"目标。光伏行业作为清洁绿色能源的重要来源，将为全球能源转型和可持续发展发挥重要作用。从正泰新能的发展历程可以看出，正泰新能始终根据国家战略的发展，利用自己原有的传统电器制造资源，由光伏制造业向光伏全产业链不断转型，发挥优势资源，在绿色工厂、绿色制造、绿色应用领域形成生态链，构建高效、清洁、低碳、循环的绿色制造体系。党的二十大报告提出："加快推动产业结构、能源结构、交通运输结构等调整优化。"我国加快构建绿色低碳循环发展的经济体系，大力推行绿色生产方式，推动能源革命和资源节约集约利用，统筹减污降碳协同增效，实现经济社会发展和生态环境保护协调统一。绿色发展是我国发展的重大战略，落实"双碳"目标，是实现中华民族永续发展的必然选择。

知识准备

一、创业的内涵

创业，通俗的解释就是创办新企业。创业已成为企业管理的重要内容，有广义和狭义之分。

（一）广义的创业

广义的创业就是指开创事业，包括创办企业、科技创新，同时也包括就业后取得一定的成就。《出师表》第一句"先帝创业未半，而中道崩殂"中的"创业"，即广义的创业。从广义上来讲，就职于一家公司，负责一个新项目的开发，都属于创业。

（二）狭义的创业

杰弗里·蒂蒙斯（Jeffry Timmons）在创业教育领域的经典教科书《创业创造》（*New Venture Creation*）中对创业的定义是：创业是一种思考、品行素质以及杰出才干的行为方式。这种行为方式需要在方法上全盘考虑，并拥有和谐的领导能力。创业致力于理解创造新事物（如新产品、新市场、新生产过程或原材料，以及组织现有技术的新方法）的机会，如何出现并被特定个体发现或创造。同时，也关注这些人如何运用各种方法去利用和开发这些机会，进而产生各种成果。

（三）不同学派的创业

在学术界，对"创业"的定义尚未达成一致。表 1-1 列出的是目前创业研究领域中的主要学派及主张。

表 1-1　创业研究领域中的主要学派及其理论特点

学　派	基　本　主　张
"风险"学派	创业者要承担以固定价格买入商品并以不确定的价格将其卖出的风险
"领导"学派	创业者是生产过程的协调者和领导者
"创新"学派	创业是实现创新的过程，而创新是创业的本质和手段
"认知"学派	从创业者的认知特性、人品特征、成就动机、冒险倾向等角度来研究创业
"社会"学派	强调宏观的社会环境和社会网络对创业的影响
"管理"学派	认为创业是一种管理方法，包括 6 个方面：战略导向、把握机会、获取资源、控制资源、管理结构、报酬政策
"战略"学派	把创业过程视为初创企业或者现有企业成长过程中的战略管理过程
"机会"学派	强调从"存在有利可图的机会"和"存在有进取心的个人"两者相结合的角度去研究创业

总之，创业就是创业者对自己所拥有的资源进行优化整合，通过自己的努力发现、识别商业机会，成立活动组织，创造产品和服务，从而创造更大的经济或者社会价值的过程。需要注意的是，国家鼓励"大众创业，万众创新"，目的在于鼓励创办企业，提供更多的社会价值，如就业岗位、就业机会、经济价值等。

二、创业的要素

杰弗里·蒂蒙斯（Jeffry Timmons）提出的创业三要素，主要包括机会、资源和团队。蒂蒙斯认为，在创业的动态过程中，机会、资源和团队三者是最为重要的驱动因素。创业过程的核心要素是商业机会，创业的关键在于发现或发展机会，并有效地利用这些机会以实现创业目标。这一理论为创业者提供了有价值的指导和启示，有助于他们在创业过程中更好地把握关键要素，提高创业成功的概率。

（一）机会

机会是创业过程的核心驱动力。它指的是市场中的潜在需求、未被满足的顾客需要或行业中的新兴趋势。创业者需要具备敏锐的市场洞察力，能够发现并抓住这些机会，将其转化为可行的商业模式和盈利策略。

（二）资源

资源是创业过程中必不可少的支持要素。它涵盖了资金、技术、人才、设备、场地等多个方面。创业者需要合理调配和利用这些资源，确保企业的正常运营和持续发展。同时，创业者还需要善于从外部获取资源，如与合作伙伴建立战略联盟、争取政府支持等。

（三）团队

团队是创业成功的关键。一个优秀的创业团队应该具备互补的技能、共同的价值观和强烈的使命感。团队成员之间需要相互信任、密切协作，共同面对创业过程中的各种挑战。创业者作为团队的领导者，需要具备良好的沟通能力和领导力，能够带领团队朝着共同的目标前进。

实践应用

任务：调研大学生创业的情况

一、任务背景

科大讯飞股份有限公司（以下简称科大讯飞）成立于1999年。2008年，科大讯飞在深交所成功挂牌上市，成为中国第一家大学生创业上市公司。如今，科大讯飞已是亚太地区最大的智能语音与人工智能上市公司，在语音合成、语音识别、机器翻译、医学影像、人脸识别、自动驾驶图像理解、自然语言理解等方面的国际比赛中，多次刷新全球纪录，累计获得国内外有效专利 260 件。那么，科大讯飞成功的基因是什么？刘庆峰说自己是天生的竞技型人格，当年和各省高考状元进入科大，越有压力越能释放出自己的潜力。"不仅是我，科大讯飞人都是如此，科大讯飞最早的基因里就有对创新的追求，就有参与竞争的勇气以及用源头技术创新改变世界的决心。"创业的过程是机会、资源、团队这三个元素有机融合的过程。科大讯飞的成功正好印证了这一点。

资料来源：https://news.ustc.edu.cn/info/1056/51486.htm.

二、任务布置

请分析科大讯飞这一成功案例中蕴含的创业三要素。

三、任务分析

创业三要素包括机会、团队和资源。下面以科大讯飞为例，进行具体分析。

（一）机会

1990 年，17 岁的刘庆峰进入中国科技大学电子工程系学习。求学期间，他几乎拿到了所有数理学科考试的第一名。读研究生时，导师王仁华让刘庆峰牵头做一个语音合成系统。1998 年，刘庆峰带队参加国家 863 计划的一个比赛，他们设计的语音合成系统是当时唯一一个达到可实用门槛的作品。因为看到语音合成系统的实用前景，创业之路开始在刘庆峰面前延展开来。同时，刘庆峰团队也意识到技术代表未来的趋势，坚持核心技术必须处在领先水平。所以，在 2004 年之后，科大讯飞进入了一个快速发展阶段，探索出一条科技创新的道路。科大讯飞在创业之初能够敏锐地捕捉到市场发展的趋势和商业机会，从而由一个大学生创业团队迅速发展成为一家高新科技企业。

（二）团队

1999 年，26 岁的刘庆峰正式创立科大讯飞。他召集了同一实验室的师弟们以及科大 BBS 中最优秀的版主，搭建起了科大讯飞最早的班底。科大讯飞研发投入占销售收入的 25%左右，技术是核心，而人才是核心中的核心，科大讯飞对于团队人才非常重视。刘庆峰分享了一组数据，从 2008 年上市以来，公司总监以上的 30 个核心成员没有一个人离职。之后，公司基于重要骨干制订了期权计划，累计纳入 600 多人。上市至今，人才总流失率每年不到 1%，这在业界非常难得。科大讯飞初创时的 18 位创始人，只有 2 位离职。刘庆峰说，留住人才并没有什么秘密，不过是让越来越多的人享受到公司发展的成果。重视创业团队的建设和管理，也是科大讯飞不断发展的法宝。

（三）资源

科大讯飞重视创业资源的整合和利用。比如，在创业初期先后得到了国内创投界的多位大佬,包括复兴高科郭广昌和柳传志的投资。与实力强大的运营商结盟,中国移动成为科大讯飞第一大股东。如今,科大讯飞的语音系统已为家电、电信、银行、手机、国家安全、交通、旅游、音乐、玩具等多条细分产业链提供语音支持,其产品占据中文语音市场70%的份额,在专业领域的应用更是占到80%的市场份额。

资料来源:1. https://baijiahao.baidu.com/s?id=1650957238321776298&wfr=spider&for=pc.
　　　　　2. http://www.bloguan.com/?id=178.

四、任务拓展

(一)活动形式

以5~8人组建小组开展活动。

(二)活动要求

设计一个关于了解大学生创业现状的调查问卷。

(三)活动步骤

(1)查阅相关资料。通过图书馆查阅文献,利用中国知网、百度等网站搜索并查阅大学生创业相关主题的资料。

(2)小组讨论并确定本次调查的主题及调查范围。

(3)通过问卷星设计一组了解大学生创业现状的调查问卷。

(4)发布问卷并统计调查结果。

(四)活动总结及讨论

(1)复盘设计问卷的流程并总结设计过程中出现的问题。

(2)统计问卷结果。

(3)通过统计结果,讨论和分析大学生创业的现状及启示。

(4)谈一谈如何将调查问卷的方法运用到其他学科领域。

◎ **思政园地**

1941 年春，在抗战时期异常困难的情况下，八路军第三五九旅开进南泥湾实行军垦屯田。经过两年多的努力，第三五九旅开荒耕种 30 余万亩土地，年产粮 900 余万斤，把"处处是荒山"的南泥湾建成"陕北的好江南"，为人民军队树立了"自己动手、丰衣足食"的光辉旗帜，形成了宝贵的南泥湾精神，被第一批纳入中国共产党人精神谱系的伟大精神。在开辟中国特色社会主义道路的征程上，我们党靠的是自力更生、艰苦奋斗，这也是南泥湾精神的核心和本质。现如今，南泥湾精神中的自力更生和艰苦奋斗为创业者提供了强大的精神支持，激励他们在创业道路上不畏艰难，勇往直前。同时，创业精神中的创新性和增长性也为南泥湾精神注入了新的时代内涵，使其在新的历史条件下焕发出更加夺目的光彩。

资料来源：根据公开资料整理。

主题三　时代之举——创新创业的意义

学习目标

1. 了解我国创新创业的现状。
2. 理解创新创业的重要意义。
3. 通过测评了解并关注自我创新意识水平。

引 导 案 例

全球首个"智慧零碳"码头

2021 年，全球首个"智慧零碳"码头在天津港建成投产，与其他自动化码头通常采用"磁钉＋自动导向搬运车（AGV）"的物流方案不同，这里创新使用了我国企业自主研制的人工智能运输机器人（ART），实现了智能化程度更高的商用无人驾驶，成为以全新模式引领世界港口自动化、智能化升级的"中国范例"。2023 年 4 月 6 日，"现代哥本哈根"号集装箱船靠泊天津港"智慧零碳"码头，7000 多个集装箱，仅用 37 小时就完成作业，创下 1 小时装卸 203 箱的作业效率纪录，在该船经停的 10 座海内外港口中排名第一。

打造世界一流港口，根本要靠自主创新。像 ART 这样一款造型独特、功能实用的运输机器人，完全是从零做起的。研发团队一次次试错、一步步摸索。同时，公司联合中国移动上海产业研究院组建"5G＋北斗实验室"，为天津港码头量身设计双频段 5G专网、研发远程驾驶车载设备，首次在港口应用了"5G＋北斗"的融合定位方法，使ART 的响应时延达到毫秒级，定位精度达到厘米级。

资料来源：http://www.china.com.cn/txt/2023-07/05/content_91256316.shtml.

案例简评：ART 成功研发的背后，离不开产学研深度合作、多领域协同配合。面对各种技术难题，天津港联合配套企业和科研机构集众智、聚众力，为创新提供了坚实支撑。当前，我国部分领域技术发展已经走在国际前沿，部分科技工作已经走进"无人区"探索发展的阶段，这就要求广大企业和研发机构以更广阔的视野、更自觉的担当，从模仿式的追随转向开拓性的引领，努力实现更多"从 0 到 1"的突破。

知识准备

一、我国创新创业的现状

（一）国家高度重视创新创业

李克强总理在 2014 年 9 月达沃斯论坛上提出"大众创业、万众创新"。2015 年，国务院颁布了《关于大力推进大众创业、万众创新若干政策措施的意见》，对"大众创业、万众创新"的现实意义进行了深刻解读。文件提到："推进大众创业、万众创新，是培育和催生经济社会发展新动力的必然选择。推进大众创业、万众创新，是激发全社会创新潜能和创业活力的有效途径。推进大众创业、万众创新，是扩大就业、实现富民之道的根本举措。"在国家政策的大力支持下，中国已建立了近万个项目的孵化器和加速器。政府大力推动科技创新，鼓励创业创新，为创业者提供了广阔的市场空间和政策支持。中国企业在转型过程中，面对全球市场的激烈竞争，形成中国特色的商业模式，建立坚固的商业壁垒，在一些特定领域居于全球领先地位。

（二）创业环境重要机遇期

我国创新创业的现状呈现出蓬勃发展的态势，正处于一个重要的机遇期。随着我国经济的快速发展和居民收入水平的提高，市场需求持续增长，为创新创业提供了广阔的发展空间。特别是在数字化、智能化、绿色化等领域，市场需求更是呈现出爆发式增长。例如，智能家居、车联网、人工智能、大数据等新兴行业正在快速发展，为创业者提供了大量的商业机会。此外，随着消费升级和个性化需求的增加，文化创意、时尚设计等领域也展现出巨大的市场潜力。科技进步是推动产业升级的重要力量，也是创新创业的重要驱动力。近年来，我国在 5G、物联网、人工智能、区块链等前沿技术领域取得了显著进展，这些技术的应用不仅推动了传统产业的转型升级，也催生了大量新兴产业。例如，基于 5G 技术的车联网、远程医疗等新兴应用正在快速发展；人工智能技术在金融、教育、医疗等领域的应用也在不断深化。这些科技进步为创业者提供了更多的创新机会和商业模式选择。

目前，全球正处于新一轮科技革命和产业变革的浪潮中，各国都在加快科技创新和产业升级的步伐。这一国际环境为我国创新创业带来了新的机遇。一方面，我国可以通过参与全球科技创新合作，引进先进技术和管理经验，提升自主创新能力；另一方面，我国也可以利用自身在某些领域的优势，推动"一带一路"等国际合作项目，拓展海外市场，实现互利共赢。随着我国创业环境的不断优化，创业生态也日益完善。一方面，各地政府纷纷建立创业园区、孵化器、加速器等创业服务平台，为创业者提供场地、资金、技术等一站式服务；另一方面，风险投资、天使投资等金融机构也积极支持创新创业项目，为创业者提供资金保障。此外，各类创业比赛、论坛、展览等活动也层出不穷，为创业者提供展示自我、交流合作的平台。

（三）创业企业质量不断提升

独角兽企业情况，已成为衡量一个国家和地区市场活力的重要指标。国际上对独角兽企业的定义是成立时间短（不超过 10 年）、发展迅速（估值超过 10 亿美元）的新生态公司。根据 CB Insights 的统计，截至 2019 年全球共新诞生 436 家独角兽，中国 107 家，占比 24.5%，仅次于美国的 214 家。当前，蚂蚁金服、字节跳动、滴滴出行、陆金所、菜鸟网络、快手、京东金融、比特大陆、京东物流、贝壳找房估值均超过 100 亿美元，成为超级独角兽。独角兽通过模式创新和科技创新提升我国经济发展质量，是我国新经济发展的代表。近年来，我国独角兽企业数量和估值迎来了井喷式增长，说明我国新经济领域已经在全球范围内具有一定的竞争力和影响力，有望引领我国经济整体上的创新发展。

资料来源：https://m.thepaper.cn/baijiahao_10003990.

二、创新创业的意义

（一）推动国家人才强国战略的实施

2021 年 6 月 6 日，清华大学中国经济思想与实践研究院与世界经济研究中心发布了《中国宏观经济分析与预测（2021 年 6 月）——新百年的中国与世界：从人口大国迈向人力资源大国》报告。报告指出，中国正从人口大国迈向人力资源大国，提高人力资源的利用率，首先是利用好现有丰富人力资源的优势，充分发挥劳动就业积极性。我国的人口红利即将消失，必然要向高质量的人力劳动转变。

（二）推进创新型国家建设的重要保证

创新是国家发展的核心驱动力。通过创新，国家可以在科技、经济、文化等多个领域取得突破，进而提升国家的综合国力。创新不仅意味着技术的进步，更代表着国家的整体发展水平和竞争力。在全球化背景下，各国之间的竞争日趋激烈。建设创新型国家，能够增强国家的国际竞争力，使国家在全球竞争中立于不败之地。通过创新，国家可以拥有更多的自主知识产权，提高在国际舞台上的话语权。创新能够推动社会进步，改善民生福祉。通过创新，可以开发更多环保、健康、智能的产品和服务，满足人民日益增长的美好生活需要。同时，创新还能够提高生产效率，降低生产成本，使人民享受到更多的物质和精神财富。

实践应用

任务：了解自我的创新意识水平

一、任务背景

2005 年，温家宝总理在看望钱学森的时候，钱老感慨地说："这么多年培养的学生，还没有哪一个的学术成就，能够跟民国时期培养的大师相比。"钱老又发问，"为什么我们的学校总是培养不出杰出的人才？"这就是有名的"钱学森之问"。

二、任务布置

"钱学森之问"对你有什么启发？你认为应该从哪些方面提升个人的创新意识？

三、任务分析

如果说创新是一种从思想到实践的变化过程，那么，创新意识就是思想的起点，是人们进行创新活动的出发点。创新意识是开展创造活动的先决条件，也是开发创新思维和创新能力的起点。"钱学森之问"提醒我们要培养创新意识，不断提高自己的创新能力。具体可以从以下几个方面入手。

（一）培养好奇心

好奇心是创新的重要驱动力。只有对未知的事物保持好奇心，才能不断地去探索、去创新。因此，我们应该保持对周围事物的好奇心，勇于尝试新的事物，发现新的问题。

（二）拓宽视野

创新需要开阔的视野和丰富的知识储备。我们应该通过阅读、交流、实践等方式，不断拓宽自己的视野，了解不同领域的知识和技术，为创新提供更多的灵感和思路。

（三）学会思考

创新需要独立思考的能力。我们应该学会从不同的角度去思考问题，不盲从、不迷信权威，勇于提出自己的见解和想法。同时，也要学会批判性思维，对已有的知识和理论进行质疑和反思。

（四）勇于实践

创新需要实践的支撑。我们应该勇于将自己的想法付诸实践，通过实践来检验和完善自己的创新思路。同时，也要学会从实践中学习和总结经验教训，不断提高自己的创新能力。

四、任务拓展

（一）活动形式

以 5～8 人组建小组开展活动。

（二）活动要求

深刻理解创新意识，通过测试了解自己的创新意识水平。

（三）活动步骤

（1）进行创新意识自测。

完成以下测验，即可知道自己是否有创新意识。

①在周末的晚上，不用做家务，你会：

    A. 叫来几个朋友，租用几盒录影带共同观影

    B. 独自到林荫路散步，或到商店购买些物品

    C. 独自在家看电视

②上次你改变发型是在什么时候？

    A. 你从未连续两天梳同样的发型

    B. 六个月前

    C. 五年前

③在餐馆进食时，你会：

    A. 常要不同的菜

    B. 如果有一人说好吃的话，会尝新的菜

    C. 常要喜欢的菜，也尝试其他的菜

④你和家人刚旅行回来，旅途中经常下雨，朋友问你旅行的情况，你会：

    A. 描述糟糕的旅途时，你也会提到景色的美妙

    B. 说"那虽不是理想旅行，但还过得去"

    C. 抱怨天气，抱怨和家人旅行中的不快

⑤你的学校为学生提供义务工作的机会，你会：

    A. 立即登记，因为这可获得社会经验和认识新朋友

    B. 知道这个活动有意义，但是因为个人活动多，去不了

    C. 根本不考虑参与，因为你听说这样的工作太多

⑥你和约会者吃完午餐，对方问你将要做什么，你会：

    A. 提议到新开的俱乐部去，你听说那里很好玩

    B. 说"如果你喜欢，我们看电影吧"

    C. 说"随便"

⑦舞会上，给你介绍一位聪明的小伙子或姑娘，你会：

    A. 将你上周听到的笑话讲给他（或她）听，然后问他（或她）是否想跳舞

    B. 谨慎地和他（或她）交谈，话题一直限于天气、电影

    C. 将你的故事告诉他（或她）

⑧给你提供一个机会，作为交换学生到国外学习一个学期，由于时间紧迫，你会：

    A. 立即准备行装

    B. 要求一周的时间考虑

    C. 根本不考虑，因为你已制订了学习计划

⑨你的朋友将他写的关于自由的文章给你看，你不同意他的观点，你会：

    A. 将你的感觉告诉他

    B. 改变话题闲谈，避开问题

    C. 假装同意，因为担心说真话会伤害他的感情

⑩你到鞋店打算买双简朴实用的鞋，结果你会：

    A. 买了一双红色的牛仔靴，即不简朴，也不实用

    B. 买了一双很流行的鞋，你只能明年穿

    C. 买一双鞋，正好是你想买的

（2）对测评答题情况进行计分，计分方法如下表所示。

题号	1	2	3	4	5	6	7	8	9	10
A	1	1	1	1	1	1	1	1	1	1
B	2	2	2	2	2	2	2	2	2	2
C	3	3	3	3	3	3	3	3	3	3

你的得分：_____

（3）根据分数，查阅结果解释。

得分 24～30 分：最令人讨厌。你的被动的、预知的、消极的行为使他人讨厌。你应该走出你的房子，展开一些活动。被动的活动，例如看电视，会使你的头脑变得迟钝；因此，你要做出一些有创造性的行动。人们会被做出创造性行动的人吸引。你心胸开朗、敢于尝试的话，就不会令人讨厌，并会得到快乐。

得分 17～23 分：还算快乐。尽管你不令人讨厌，但是，你可以使自己更快乐。你应该走出你的房子，做些之前没有做过的事情，例如参观画廊、参加健美操学习班。

得分 10～17 分：非常快乐，你是个生龙活虎的人，他人认为你值得羡慕。对于有趣的事，你不但希望他人做，而且自己也会做。你不以消极的态度使朋友厌烦，你采取的是乐观、开朗的态度。虽然你的不可预知的特点有不利之处，但是，和你在一起的人不会感到沉闷。

资料来源：李伟，张世辉. 创新创业教程[M]. 北京：清华大学出版社，2015.

（四）活动总结及讨论

请你根据测评结果，谈一谈你创新意识水平如何，如何继续发挥自己的创新意识？或者谈一谈如何提升自己的创新意识？

_____

_____

_____

_____

◎ 思政园地

2022 年，我国创新指标在全球排名不断攀升，从 2012 年的第 34 位跃升到 2022 年的第 11 位，顺利进入创新型国家行列。经过多年发展，我国已进入创新型国家行列，拥有完整的产业体系、庞大的研发队伍和一大批具有国际竞争力的创新型领军企业。创新精神是我国在全球创新指标排名中取得显著进步的关键因素。这种精神不仅是国家层面的需要，也是每一个大学生应该努力培养的重要素质。对于大学生来说，培养创新精神意味着要敢于挑战现有的知识体系和传统观念，勇于提出新的想法和解决方案。这要求大学生具备开放的思维方式和敏锐的洞察力，能够从不同角度思考问题，发现潜在的创新点。同时，作为新时代的大学生，应将个人理想与国家需求紧密结合，培养创新精神，提升创新能力，为国家的发展贡献自己的力量。

资料来源：根据公开资料整理。

模块 二

发现好问题

【背景描述】

当今社会发展迅速，创新已成为推动社会进步和发展的重要因素。作为未来的社会精英，大学生更需具备创新思维和创新能力，以应对日益复杂和多变的社会环境。创新思维是大学生应具备的核心能力之一。通过学习和实践创新方法，大学生可以培养出独立思考、善于发现问题、积极寻求解决方案的能力。这种思维方式不仅有助于解决学习和生活中的问题，还可以为未来的职业生涯奠定坚实基础。

主题一　多次深入提问——5WHY 分析法

▶ 学习目标

1. 理解 5WHY 分析法的内涵、主要特点及实施步骤。
2. 学会运用 5WHY 分析法找到问题根源和解决方法。
3. 注重基于事实和数据的分析，培养思维的科学性和逻辑性。

引 导 案 例

某公司工厂设备停机探因

某公司通过运用 5WHY 分析法成功找到设备停机的根本原因，并采取了相应的解决措施。

公司运营过程中发现了一个常见的问题，即旗下工厂设备经常停机，影响了生产效率。公司为了解决这个问题，开始运用 5WHY 分析法进行调查。

问：为什么设备会停机？

答：因为设备出现故障。

问：为什么设备会出现故障？

答：因为设备老化。

问：为什么设备会老化？

答：因为没有定期进行维护。

问：为什么没有定期进行维护？

答：因为公司没有制订维护计划。

问：为什么公司没有制订维护计划？

答：因为公司没有足够重视设备的维护。

通过连续提问，公司找到了设备停机的根本原因，即公司没有足够重视设备的维护。因此，公司采取包括制订设备的维护计划和加强设备的日常维护等措施，有效减少了设备停机的时间，提高了生产效率。

资料来源：https://aistudy.baidu.com/okam/pages/article/index?articleId=21295705&ucid=PHfzrjnLPWf &categoryLv1=%E6%95%99%E8%82%B2%E5%9F%B9%E8%AE%AD&ch=54&srcid=10004.

案例简评：5WHY 分析法在该公司的生产和管理过程中发挥着重要作用。通过运用 5WHY 分析法，公司能够准确识别问题、深入挖掘原因、全面评估影响、制订有效解决方案并实施跟踪。这种方法不仅提高了生产效率和质量，还促进了员工的积极参与和跨部门之间的沟通与合作。随着市场竞争的加剧和消费者需求的不断变化，5WHY 分析法将在该公司的持续改进和创新发展中发挥更加重要的作用。

知识准备

一、5WHY 分析法的内涵

5WHY 分析法是一种系统识别和解决根本问题的强大工具，它通过连续提问并深入挖掘问题的根源，又称"5 问法"，也就是对一个问题点连续以 5 个"为什么"来自问，以追究其根本原因。虽然是"5 问法"，但使用时不限定只作"5 次为什么的探讨"，其目的是找到根本原因，即打破砂锅问到底。

5WHY 分析法示例：

问题：为什么产品质量下降了？

问：为什么我们的产品质量下降了？

答：因为工人没有严格按照操作规程进行操作。

问：为什么我们的工人没有严格按照操作规程进行操作？

答：因为他们对操作规程不熟悉或者不理解。

问：为什么我们的工人对操作规程不熟悉或者不理解？

答：因为我们没有提供足够的培训或者指导。

问：为什么我们没有提供足够的培训或者指导？

答：因为我们在人力资源方面投入不足。

问：为什么我们在人力资源方面投入不足？

答：因为我们对人力资源的重要性认识不足，没有将其视为企业发展的重要因素。

通过连续提问，找出问题的根本原因，并制定相应的解决方案，如加强工人培训、提高对人力资源的重视等。

5WHY 分析法注意事项：避免主观和自负的假设，从结果出发，沿着因果关系的链条进行深入分析，不要过早给定答案，而是持续提问，直至找到问题的根本原因。强调系统性的思考方式，通过顺藤摸瓜，发现各因素之间的关系，全面理解问题，并采取有效的措施进行解决。

二、5WHY 分析法的主要特点

（一）实用性强

5WHY 分析法不仅适用于商业领域，还可解决生活中的问题。通过分析问题的根本原因，有助于人们找到更好的解决方案。

（二）可重复性

针对同一类问题，可以通过 5WHY 分析法得到相似的根本原因，从而避免同样的问题重复出现。

（三）提高决策质量

通过深入分析问题，准确评估各种解决方案的优缺点，从而提高决策质量。同时，5WHY 分析法还可以帮助人们发现并解决潜在的风险和挑战，降低决策风险。

（四）鼓励团队合作

5WHY 分析法可以鼓励团队成员共同参与问题的分析和解决过程，通过集思广益，激发创新思维，提高团队成员对问题的认识和理解。

（五）以事实为基础

5WHY 分析法以事实为基础，避免主观臆断和偏见，通过收集和分析数据，更加客观地揭示问题的本质。

（六）结构化

5WHY 分析法需要对问题进行全面的剖析，不仅关注问题的表象，还要关注问题的潜在影响和关联因素。通过结构化的思维模式，帮助人们按照一定的步骤逐步深入分析问题，不易遗漏重要信息。

三、5WHY 分析法的实施步骤

（一）明确问题

首先，需要清晰地定义问题。确保所有参与者都理解问题的本质和背景。可以用一个简单、明确的句子来描述问题，如"为什么我们的产品退货率那么高？"。

（二）开始提问

使用"为什么"这个问题开始分析。对于上述例子，第一个问题可能是"为什么我们的产品退货率那么高？"。

（三）深入提问

根据上一个问题的回答，提出下一个"为什么"，这通常需要持续深入的探究，直到找到根本原因。例如，第一个回答可能是"因为产品质量不达标"。那么第二个问题就是"为什么产品质量不达标？"。接着，继续这个过程，针对每个回答都提出一个"为什么"。

（四）记录回答

每次回答都应该是基于事实和数据的，这有助于确保分析过程是有根据的。记录每次提问和对应的回答，这将帮助你和你的团队保持清晰的思路。

（五）识别根本原因

随着提问的深入，你将逐渐接近出现问题的根本原因。这通常是一个或多个深层次的、系统性的原因。当你觉得已经找到了根本原因时，问自己："这个原因能解释为什么会出现问题吗？"如果答案是肯定的，那么，你可能已经找到了根本原因。

（六）验证和测试

一旦找到了可能的根本原因，最好进行一些测试或验证来确认，可以通过数据分析、实验或其他方法来完成。

（七）制定解决方案

一旦确认了根本原因，就可以开始制定解决方案了。解决方案应该直接针对根本原因，并考虑到所有相关的因素。

（八）实施和监控

实施解决方案，并持续监控以确保问题得到了解决。这可能需要一些时间，所以要有耐心。如果在实施过程中遇到了新的问题或挑战，可以回到 5WHY 分析法来进一步分析和解决。

（九）总结和学习

需要注意的是，虽然 5WHY 分析法通常被称为"5 问法"，但在实际应用中，你可能会问更多或更少的"为什么"。这取决于问题的复杂性和你能够收集到的信息。在解决问题后，还需不断总结经验教训，完善管理体系和流程，以确保长期的安全稳定运营。每个层面都需要进行连续 5 次或 N 次的询问，使所有问题都得到探寻并得出结论，才能真正发现根本原因并寻求解决，建立有效解决复杂问题的框架。

实践应用

任务：运用 5WHY 分析法解决实际问题

一、任务背景

盛昌公司近期生产力持续低下，已经严重影响到公司的日常运营和长期发展。经过初步调查，发现主要问题在于生产线的稳定性和效率低下。

为把握问题的本质，相关人员搜集了有关数据和信息。通过分析数据，发现生产线存在以下几个问题：生产线上的设备经常出现故障，导致生产中断；生产线的平衡率低下，员工之间的工作量分配不均；生产流程存在瓶颈，导致整体效率低下；员工对工作的不满和抱怨增加，工作积极性降低。

二、任务布置

优化生产流程，消除瓶颈环节，提高生产效率。

三、任务分析

（一）问题陈述

盛昌公司生产线稳定性和效率低下，影响公司的日常运营和长期发展。

（二）利用 5WHY 分析法开展分析

问：为什么生产线的稳定性和效率低下？

答：因为生产线上的设备经常出现故障，导致生产中断。

问：为什么设备经常出现故障？

答：因为设备老化且缺少预防性维护计划。

问：为什么设备老化且缺少预防性维护计划？

答：因为公司对于设备维护的投入不足，且没有制定长期的设备维护策略。

问：为什么公司对于设备维护的投入不足且没有制定长期的设置维护策略？

答：因为管理层对设备维护的重要性认识不足，且缺乏相应的预算分配和计划制订流程。

问：为什么管理层对设备维护的重要性认识不足？

答：因为公司文化中没有强调设备维护对生产效率和产品质量的重要性，且缺乏相关培训和意识提升活动。

（三）总结与解决方案

根据 5WHY 分析法的结果，我们可以得出以下结论和相应的解决方案。

（1）盛昌公司生产线稳定性和效率低下的根本原因在于管理层对设备维护的重要性认识不足，这导致了设备维护投入不足、缺乏预防性维护计划，以及设备维护策略的长期缺失。

（2）解决方案。

①加强管理层对设备维护重要性的认识，通过培训、研讨会等方式提升管理层对设备维护与生产效率和产品质量之间关系的认识。

②制订长期设备维护策略和预算分配计划，确保设备维护有足够的资源支持。

③引入预防性维护计划，定期对设备进行检查和维护，减少故障发生的可能性。

④加强设备操作培训，提高员工对设备的熟悉度和操作技能，减少人为因素导致的设备故障。

⑤设立紧急维修响应团队，确保在设备出现故障时能够迅速响应和处理。

通过实施上述解决方案，盛昌公司可以逐步改善生产线的稳定性和效率，提高公司的日常运营和长期发展能力。

四、任务拓展

（一）活动形式

以 5～8 人组建小组开展活动。

（二）活动要求

（1）保持客观：分析过程应尽可能客观，避免主观臆断和推断。同时，要确保所描述的状态是事实，而不是推断或猜测。

（2）深入探究：对问题的根本原因进行深入探究，直至找到根本原因。同时，要避免浅尝辄止，对每个可能的原因都进行深入的分析。

（3）打破砂锅问到底：使用 5WHY 分析法时，需要持续提问，直到找到问题的根本原因为止。这种追根究底的精神有助于找到问题的真正根源。

（4）协作与沟通：使用 5WHY 分析法时，需要良好的团队协作和沟通能力。成员之间要相互尊重、理解和支持，共同解决问题。

（三）活动步骤

根据案例内容，填写下表。

5WHY 分析研讨表			
序号	发现问题	查找原因	解决方案
1			
2			
3			
4			
5			
……			

（四）活动总结及讨论

通过本次 5WHY 分析研讨，我们深刻地认识到了生产线问题对生产力的影响。在未来的工作中，我们应该注重以下几点：

_____

_____

_____

_____

◎ 思政园地

美国麻省理工学院（MIT）斯隆管理学院的高级教授彼得·圣吉（Peter M. Senge）在《第五项修炼：学习型组织的艺术实践》里提到，问题的解决方案既有"根本解"，也有"症状解"。"症状解"能迅速消除问题的症状，但只起暂时的作用，而且往往有加深问题的副作用，使问题更难得到根本解决。"根本解"是根本的解决方式，只有通过系统思考，看到问题的整体，才能发现"根本解"。在处理问题时，我们不能仅仅停留在表面现象上，而是要通过系统思考，追本溯源，总揽整体，抓住事物的根源。这需要我们具备全局观念，能够从多个角度、多个层面去分析问题，理解问题的复杂性和多面性。只有这样，我们才能找到问题的根本原因，采取根本的解决方式，实现问题的根本解决。

资料来源：https://www.jianshu.com/p/2fff6211906a.

主题二　全面多角度提问——5W2H 分析法

▶ 学习目标

1. 掌握 5W2H 分析法的内涵、主要特点及操作过程。
2. 能够运用 5W2H 分析法分析解决问题。
3. 培养思维的系统性和全面性。

引导案例

A 医院推进数字化转型

A 医院在推进数字化转型的过程中遇到一个问题：医生在给患者看诊时，需要输入患者的基本信息和病史，但是输入速度非常慢，影响了看诊效率。医院对这个问题进行了 5W2H 分析。

1. What：医生需要快速输入患者的基本信息和病史等信息。
2. Why：提高医生看诊效率，减少患者的等待时间。
3. Who：医生需要使用这个系统。
4. Where：医生在看诊时需要使用这个系统。
5. When：医生在看诊过程中需要随时输入患者的信息。
6. How：医生需要使用键盘或者触摸屏等设备输入患者的信息。

7. How much：医生需要快速、准确地输入患者的信息。

根据这个 5W2H 分析法，医院发现问题的关键在于医生如何快速、准确地输入患者的信息。于是，医院采用以下措施来解决这个问题。

1. 引入语音识别技术，让医生可以通过语音输入患者的信息。

2. 优化系统界面，让医生能够快速找到需要输入的信息。

3. 建立患者信息数据库，方便医生随时查询患者的信息。

4. 提供培训和支持，帮助医生更好地使用这个系统。

通过这些措施，医院的数字化转型取得了良好效果，医生看诊效率显著提高。同时，患者也得到了更好的医疗服务体验。

资料来源：根据公开资料整理。

案例简评：5W2H 分析法可以帮助人们更好地了解和分析问题，从而找到更好的解决方案。同时，它也可以被广泛应用于各种领域和场景中，帮助人们更好地进行决策和行动。

知识准备

一、5W2H 分析法的内涵

（一）定义

5W2H 分析法是一种创新思维方法，可以帮助我们分析和解决问题，以及进行创新设计。这种方法通过提出七个方面的问题，来引导我们寻找创新的思路和解决方案。

（二）5W2H 分析法的具体内容

（1）What（什么）：问题的本质是什么？需要完成什么任务？目的是什么？

（2）Why（为什么）：为什么要解决这个问题？为什么它重要？为什么需要采取行动？

（3）Who（谁）：谁会受到影响？谁应该参与解决这个问题？谁负责执行解决方案？

（4）Where（哪里）：问题在哪里发生？解决方案在哪里实施？需要在哪些地方进行改进？

（5）When（何时）：问题何时发生？何时需要采取行动？何时是解决问题的最佳时机？

（6）How（如何）：如何解决这个问题？如何实现目标？如何克服障碍？

（7）How much（多少）：问题的影响有多大？解决方案的成本是多少？收益有多大？

二、5W2H 分析法的主要特点

（一）思维结构化

5W2H 分析法通过七个方面的提问，使思考过程变得结构化，有助于深入分析问题，从而避免遗漏重要的信息。

（二）聚焦核心问题

可以帮助迅速聚焦问题的核心，即 What（是什么）、Why（为什么）、How（怎么做）等方面的问题，从而使解决问题的过程更具针对性和有效性。

（三）创造性

5W2H 分析法有助于帮助相关机构或团体从多个角度思考问题，从而激发他们提出创造性的解决方案。这种方法不仅适用于解决现有问题，还可以用于创新和开发新的项目。

（四）系统性

5W2H 分析法考虑了问题的多个方面，包括 Why、What、Where、When、Who 和 How、How much，使分析更加全面和系统，可以有效地弥补单一视角的局限性。

（五）实用便捷

5W2H 分析法简单、方便，易于理解和使用。通过 7 个英文单词的首字母缩写，方便记忆和应用。广泛用于企业管理和技术项目，对于决策和执行性的活动措施非常实用，同时可以避免考虑问题时出现疏漏。

实践应用

任务：运用 5W2H 分析法解决实际问题

一、任务背景

海豚游泳池的更衣室令管理员非常头疼。由于缺乏有效的通风设施，也没有做到定期清洁，导致更衣室里经常弥漫着一股令人难以忍受的异味。这不仅让游泳者感到极度不舒服，还对游泳池的声誉造成了负面影响。

二、任务布置

去除游泳池更衣室里的异味。

三、任务分析

为了解决这个问题，海豚游泳池的管理团队决定采取行动。他们首先咨询了专业的清洁公司，并得知这种异味主要是由更衣室内部过于潮湿和缺乏清洁导致的。管理团队马上制订了一个全面的计划来解决这个问题。首先，增加通风设施，如排气扇和通风口，以保证更衣室的空气流通。其次，定期进行深度清洁，包括擦拭墙壁、地面和储物柜等。然而，这些措施并没有完全解决问题，异味仍然存在，只是变得稍微轻一些。经过进一步的分析，管理团队发现，出现异味的另一个原因是部分游泳者的鞋袜和身上的沐浴露、洗发水的香味混合在一起。

四、任务拓展

（一）活动形式

以 5～8 人组建小组开展活动。

（二）活动要求

（1）客观分析：在分析问题时，需要尽可能地保持客观，避免受到个人情感、偏见或主观经验的影响。

（2）操作性强：在分析问题时，需要注意解决方案的可操作性，以确保解决方案能够在实践中得到有效的实施。

（3）考虑所有因素：在分析问题时，需要考虑到所有相关的因素，包括人力、物力、财力、时间等，以确保解决方案的全面性和可行性。

（三）活动步骤

根据案例内容，填写下表。

5W2H 分析研讨表

案例背景：永久去除游泳池更衣室里的异味

项目	释义	内容	解决方案
Why	目的		
What	事项		
When	时间		
Who	人物		
Where	地点		
How	执行		
How much	花费		

（四）活动总结及讨论

通过 5W2H 法分析，深刻认识到在解决问题或进行决策时，需要关注细节、深入分析，解决方案才能更具可操作性。在未来的工作中，应注重以下几点：

_____

_____

_____

◎ 思政园地

2021 年 5 月 28 日，习近平总书记在中国科学院第二十次院士大会、中国工程院第十五次院士大会、中国科协第十次全国代表大会上强调，科技攻关要坚持问题导向，奔着最紧急、最紧迫的问题去。坚持问题导向是我们党的一项重要工作方法，也是习近平新时代中国特色社会主义思想科学体系中的重要世界观和方法论之一。坚持问题导向，体现了共产党人求真务实的科学态度，展现了马克思主义者的坚定信仰和责任担当。作为当代大学生不仅需要掌握知识，更需要培养解决问题的能力。通过坚持问题导向，大学生能更好地了解社会需求和人民关切，为未来的职业发展和社会贡献打下基础。

资料来源：https://www.gov.cn/xinwen/2021-05/28/content_5613746.htm.

主题三　站在对方角度提问——同理心地图法

学习目标

1. 了解同理心地图法的内涵及实施步骤。
2. 能够运用同理心地图法分析目标客户的真实需求。
3. 理解和体验他人的情感和需求，学会换位思考。

引导案例

错误共情导致决策失误

20世纪50年代，麦斯威尔公司为了降低成本，尝试在产品中混入一些成本低但口感较差的罗布斯塔咖啡豆。为了防止因此而失去顾客，麦斯威尔公司找到了一些忠实顾客，进行了感官试验。结果，这些老客户中没人发现配方变了。于是，麦斯威尔公司开始逐渐增加罗布斯塔咖啡豆的含量，而参加口感测试的老客户始终都没有什么明显的感觉。直到1964年，咖啡销量出现了下滑趋势。

持续增加的罗布斯塔咖啡豆，早已改变了原有的咖啡口味。但就像是温水煮青蛙，一直饮用这种咖啡的老客户感觉不到明显的变化，而新客户却接受不了这种口味。由于缺少新客户，到了一定阶段，销量下滑就成为必然。可以说，麦斯威尔公司决策失误的原因，就在于选取了忠实用户的反馈作为决策依据，而忽视了更多新用户的体验，致使产品与现实目的严重脱节。

资料来源：https://baijiahao.baidu.com/s?id=1623049614761477472&wfr=spider&for=pc.

案例简评： 很多企业做决策时，依靠的仅仅是相对简单的信息反馈。这种缺少用户第一手资料的做法，很可能会让企业误入歧途。一旦切断或者疏远了与客户之间的共情连接，不但会错失商机，还有可能丧失原有的优势。而要建立或者恢复与客户的连接，就需要正确使用共情了解客户的真实感受，进而找到商业机遇。

知识准备

一、同理心地图法的内涵

所谓同理心，就是暂时进入对方的内心世界，不带任何评价地去感受对方的感受和经验。同理心是一种心理习惯，能帮助我们建立起洞察力的桥梁，能让我们通过别人的眼睛来看世界，通过别人的经历来理解世界，通过别人的情绪来感知世界。

同理心地图法是由视觉思考公司 XPLANE 开发的工具，可以帮助我们深入感知他人的想法、感受言语和行为，以及受环境影响所产生的各种信息。

二、同理心地图法的实施步骤

（一）描述

在目标人群中挑选一名代表性人物作为对象，描述其性别、年龄、职业、婚姻、收入、教育背景等。为了增加真实感，可以在地图中心放一张目标用户的头像。

（二）回答

在一张纸上画出同理心地图的 6 个板块（图 2.1），站在用户的立场回答以下 6 个问题：

（1）他看到了什么？（叙述他在他的环境中看到的事物）

（2）他听到了什么？（叙述他的朋友说了什么，他的家人说了什么，他周围的人说了什么）

（3）他说了什么，做了什么？（想象他可能说的话和可能做的事）

（4）他心里真实的想法和感受是什么？（换位思考，揣摩他的所思所感）

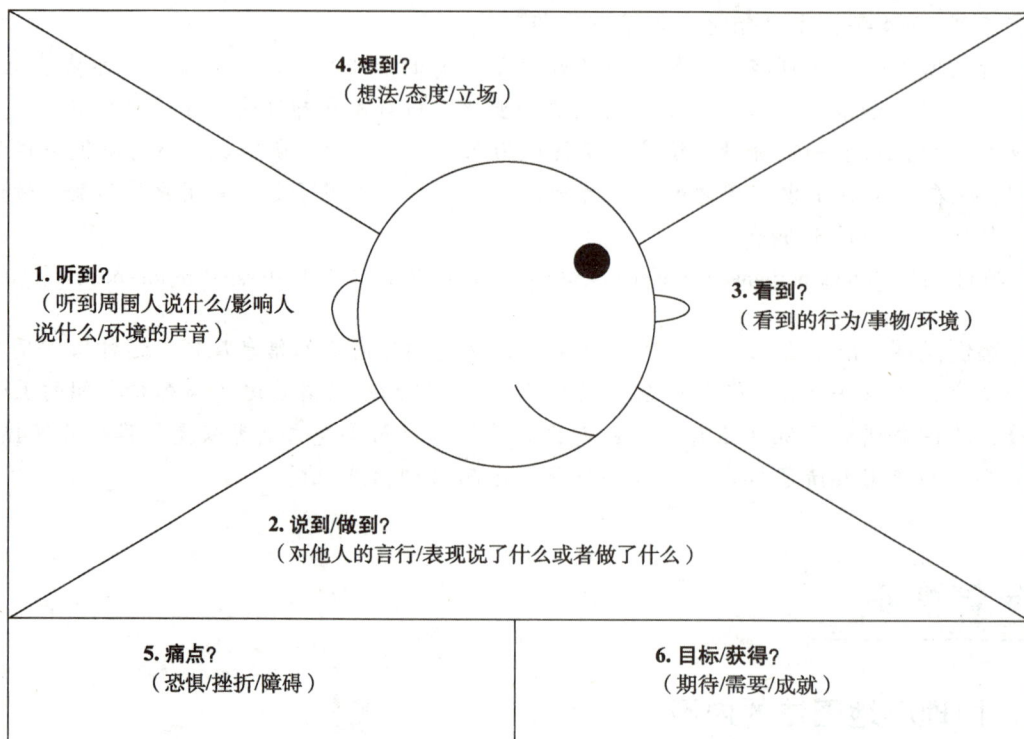

图 2.1　同理心地图

（5）他的痛点是什么？（即他的恐惧、挫折、担忧和障碍）

（6）他渴望得到什么？（客观描述他真正的渴望与需求）

将每个回答写在一张便利贴上，并把便利贴一一贴到同理心地图对应的板块上。

（三）分析与发现

观察制作好的同理心地图，仔细分析板块上不同便利贴之间的关联性和矛盾点，找到关联性和矛盾点背后隐藏的需要解决的问题。

（四）定义问题

了解了目标人群后，我们需要用下面的句子明确定义他们的问题：

_____（人物）需要一种方式去_____（动词），因为_____（你的洞察）。

用同理心地图法定义问题，之后的设计才能真正做到"为他而做"，从而进一步明确为谁设计、设计的目的是为解决什么问题，以及做这一切的理由是什么。

实践应用

任务：掌握同理心地图法的操作流程

一、任务背景

（一）背景

Diana 在市场调研行业工作了 5 年。由于工作压力太大，最近她决定开始教授瑜伽，这能让她更加自信，舒缓压力。她在考虑改变职业，也在寻找加入新的社群的机会。

（二）个人数据

年龄：31 岁

职业：市场营销经理（同时也有瑜伽教练证书）

婚姻状态：单身

地点：上海

二、任务布置

为目标客户绘制同理心地图，深入剖析，找到其真实需求。

三、任务分析

根据同理心地图绘制的流程，我们将重心集中在以下几个问题上。

（一）我们在为谁绘制同理心地图？

我们想要了解哪些人？

这些人处在什么样的情景中？

他们在这些情景中的角色是什么？

对于 Diana 来说，她对经济形势的变化感到不确定，决定换一份工作，来拥有更好的精神健康和生活方式。

（二）他们需要做什么？

他们需要做什么来变得与众不同？

他们需要完成什么工作？

他们需要作出什么决定？

我们如何知道他们获得了成功？

Diana 发现并且加入一个微信群，能够对她的决定有所支持。她也为换工作做了一些准备工作，比如参加瑜伽课、考取相关的从业资格证书等。

（三）观察和收集客户"所听""所见""所说""所做"

所听

我们的客户是否容易受其他因素的影响？

这些影响因素是什么？

我们的客户更容易受亲朋好友的影响，还是更容易受其同事、工作伙伴的影响？

这些影响产生的途径和通路是什么？

对于 Diana 来说，她日常会听到这些问题："你的压力为什么这么大？""你看起来很累，你睡觉了吗？""你考虑过换工作吗？""新冠疫情过后，你有什么新的计划吗？""如果你这段时间没有学习新东西，不是因为你没有时间，而是因为你不够自觉。"（Diana 认为自己状态差是因为与从前相比，现在的她需要做很多其他的事情，比如做饭、打扫房间、帮助邻居遛狗等。）

所见

他们是否容易受其他因素的影响？

这些影响因素是什么？

他们更容易受亲朋好友的影响，还是更容易受其同事、工作伙伴的影响？

这些影响产生的途径和通路是什么？

新冠疫情过后，Diana 看到的是一个快速发展的市场，这个市场需要新的、适应后疫情时代的服务。她看到关于消费者健康的社会责任感和关怀是一个大趋势，健康的生活方式是成功克服新冠疫情所带来的影响的关键。

她还通过微博和朋友圈，看到许多人（朋友和其他有影响力的人）换了工作，来寻求一种更平衡的生活方式，网络上也出现了许多选择，比如搜索引擎广告、品牌广告等。

所说

客户说了什么？

我们能够想象到客户会说什么？

Diana 喜欢对产品和服务进行评论，和他人分享经验，尤其喜欢在线点评。她也积极地通过社交媒体分享自我护理和冥想有关的帖子。

通过问卷调研了解到，她对消费的态度是"我希望第一次就做对的决定"，而通过她的微博，发现她希望最近的一次消费能拥有不同的体验（"我想……"），她也通过社交媒体分享自己喜欢的品牌（"我想要值得信赖的品牌"）。

所做

客户今天做了什么？

我们观察到了客户的什么行为？

我们可以想象到客户会做什么？

通过深度访谈和问卷调研，我们发现 Diana 是个有创造力但也有控制欲的人，她每次做决定或者买东西之前，都会查看线上的评价，比如微博、大众点评、淘宝等，并通过这些网站来比较不同的产品。

她在努力保持工作和所喜爱的瑜伽之间的平衡。

她会向家人、朋友或者微博来寻求建议，但她也会推迟做重大决定，因为过度分析反而拿不定主意。

（四）分析其他影响因素，确定客户的痛点和期望

对于 Diana 而言，还有一些其他因素会影响她作出决定。

Diana 在探索新品牌时，总是关注品牌的设计和第一印象。

关于新冠疫情的信息、相关的社会信息对于她而言很重要。

此外，还需要提出以下几个问题：

新冠疫情过后，Diana 的预算改变了吗？

Diana 是否需要在经济上帮助朋友或家人？

如果换了新工作，Diana 的经济状况是否能够满足她的物质需求？

通过综合以上所有信息，我们可以得出 Diana 的痛点和期望。

痛点

新冠疫情带来的生活不确定性。

拿不定主意，疑虑，失望。是否要继续考虑换工作？

压力大，失去信心，焦虑。

期望

疫情期间的隔离，让她有更多的时间来在线搜索、研究新产品。

虚拟社区：在线上与新的朋友结识。

资料来源：https://zhuanlan.zhihu.com/p/266764866?utm_id=0.

四、任务拓展

（一）活动形式

把男生和女生分成两个大组，每个大组再分成 3 人小组，各组准备便利贴、白纸、图画纸、水彩笔。

（二）活动要求

男生小组：为班上女生设计一个水壶（材料及功能不限），尽量从女生的角度出发考虑女生的需求。

女生小组：为班上男生设计一个水壶（材料及功能不限），尽量从男生的角度出发考虑男生的需求。

注意：自己的喜好不重要，重要的是让对方喜欢你的设计。

（三）活动步骤

1. 绘制同理心地图

男生 3 人小组和女生 3 人小组通过绘制同理心地图，分析对方对水壶的真实需求。

2. 设计水壶

根据对目标群体的同理心分析，在了解对方真实需求的基础上完成水壶设计方案，在纸上画出设计图并配简要文字说明。

3. 投票评比

各组展示设计方案，请男生为女生设计的水壶投票，女生为男生设计的水壶投票。最后，评比出得票最多的设计方案。

（四）活动总结及讨论

请获奖小组分享设计心得，详细说明自己如何通过绘制同理心地图、分析目标群体需求并设计出令目标群体满意的作品。

◎ 思政园地

微信创始人张小龙在开发每一个功能时强调踏踏实实追踪用户的需求，看看用户到底需要什么。当时，张小龙给邮箱团队制定了"1000/100/10"的法则，要求每个产品经理每个月要去论坛看 1000 个用户体验反馈并回复、关注 100 个用户博客、做 10 个用户调查。如今"1000/100/10"被奉为互联网产品开发的"宝典"。对创业者来说，所谓站在用户的角度换位思考，最直接的办法就是自己做产品和服务的第一名顾客，感同身受，强化对自己产品和服务的理解。在日常生活和工作中，我们从他人的角度出发，理解他人的情感和需求，才能更好地促进合作、激发创新灵感、优化产品或服务，以及提升用户体验。

资料来源：https://t.qianzhan.com/daka/detail/221027-fb79ddb8.html.

模块 三

想出好主意

【背景描述】

党的二十大报告中指出："必须坚持科技是第一生产力、人才是第一资源、创新是第一动力，深入实施科教兴国战略、人才强国战略、创新驱动发展战略，开辟发展新领域新赛道，不断塑造发展新动能新优势。"作为新时代的大学生，真正将个人奋斗的"小目标"融入国家和民族事业的"大蓝图"中，科学树立问题意识，增强自主创新能力。通过本模块的学习，帮助同学们树立创新意识，明确创新任务，培养发散、联想、收敛等创新思维，进而更好提出问题，更快明确方向，更优实施创新。

主题一 开启探索问题之门——创新思维

学习目标

1. 理解创新思维的内涵及主要特点。
2. 了解创新思维的培养方法。
3. 通过实践积极探索自我的创造力。

引导案例

极飞科技——用科技为农业赋能

极飞科技成立于 2007 年，由前微软中国区 MVP（Most Valuable Professionals，最有价值专家）彭斌带领一群热爱飞行的极客创立，前身为 XAIRCRAFT。作为一家机器人和人工智能技术公司，极飞科技不断致力于用科技为农业赋能，对无人化农业进行探索和研究。《极飞科技 2022 年度企业社会责任报告》显示，传统农业生产高度依赖人工操作，往往存在成本高、耗时长、生产效率低等问题。为解决这些难题，极飞科技构建起以农业无人飞机、遥感无人飞机、农业无人车、农机自驾仪、农业物联网、智慧农业系统等为核心的无人化智慧农业生态，帮助实现耕、种、管、收全流程的效率提升，满足小农户、家庭农户和大农场经营者多种需求，让农业生产者都能因此受益。截至2022 年，极飞科技申请研发专利 3544 件，申请实用新型专利 1240 件，申请发明专利1743 件。强大的技术创新能力，使极飞科技的智慧农业设备已成功应用于超过 14 亿亩农田，为农民提供无人化生产服务 1.94 亿人次，极飞科技的智慧农业科技产品覆盖全球 57 个国家和地区，成为现代农业生产的得力助手。

资料来源：https://www.xa.com/about/csr.

案例简评：极飞科技的远景是构建一个满足人类未来 100 年发展需求的农业生态系统。极飞科技面对全球农业产业的新问题，积极开展科技研发和技术创新，提升农业效率，解决第三次农业革命的诸多问题。就像极飞科技联合创始人龚槚钦所述："极飞人的使命是始终相信当前人类农业遇到的核心问题都可以通过技术创新来解决。而在这一过程中，具备技术、人才和制造优势的中国的农业科技公司也将走向世界，在人类第三次农业革命中承担起更大的社会责任，发挥前所未有的引领作用。"科技创新让中国技术造福全球，同时彰显中国在世界的大国担当和责任。

知识准备

一、创新思维的内涵

思维的方法有很多种，创新思维是在一般思维的基础上发展起来的，是思维活动中最有价值和最积极的形式。创新思维是指人们为解决某一问题，自觉、能动地综合运用各种思维方式进行思考，通过选择、突破和重新建构已有的知识、经验和亲自获取的信息，以新的认知模式把握事物发展的内在本质及规律，并进一步提出具有独特见解、符合人文精神，且具有主动性和独特性的复杂思维过程。

通过创新思维，能够突破常规的界限，以超常规甚至反常规的方法与视角去思考问题，提出与众不同的解决方案，从而产生新颖的、独到的、有社会意义的思维成果。创新思维是进行创业实践活动的基础条件，是思维的高级形式。培养大学生创新思维是提高大学生创新创业能力的关键。

二、创新思维的主要特点

（一）敏感性

要想打破常规思维的限制，产生新的思维成果，必须用敏感的思维去感知客观世界的变化。英国细菌学家亚历山大·弗莱明偶然发现培养皿上长出了蓝绿色的霉菌，而在霉菌旁边，葡萄球菌被融化，出现清澈的水滴。弗莱明没有忽略这次偶然的发现，而是敏锐地关注蓝绿色霉菌，不断进行研究，终于找到了葡萄球菌的克星——青霉素。假设当初弗莱明没有对那些蓝绿色的霉菌产生好奇，可能就不会有青霉素问世。正因为他思维的敏感性才带来医学上的重大发现。

（二）新颖性

创新思维重在创新，体现在思考的方式、具体的思路、思维的角度具有创造性和开拓性，还体现在对事物的认识不停留在原有的层面上，而是进行创新的认识和分析，产生新产品、新工艺、新方法、新方案等，形成新的实用性或新的价值。

（三）联动性

创新思维具有由此及彼的联动性，联动的方向有三个：一是纵向，即看到一种现象便纵深思考，探究其产生的原因；二是逆向，即发现一种现象，则想到它的反面；三是横向，即能联想到与其相似或相关的事物。总之，创新思维的联动性表现为由浅入深、由小到大、触类旁通、举一反三，从而获得新的认识、新的发现。

（四）开放性

创新思维是一个视野开阔、思维开放、善于学习、勤于思考，实现与外界的物质、能量和信息交换的开放的思维系统。处于开放状态下的创新思维，能够超越事物的体系，打破固有的限制，将思维从本体系向外拓展，获得新的启示，激发创新的火花。比如，手机的迭代生产，从大哥大到诺基亚，再到智能手机，现如今可折叠手机也已经问世。

（五）跨越性

创新思维属于非常规性、非逻辑性的思维活动，独居卓越，敢于质疑，破除陈规，善于打破思想的禁锢，追求与常规不同的独特性；善于从新的角度思考问题，力求另辟蹊径，得到突破性的新发现。创新思维的跨越性很大，具有明显的跳跃性和直觉性，往往带给人们巨大的震撼和惊喜。

三、创新思维的培养方法

通过一些科学且行之有效的方法培训之后，创新思维能力将大幅提高，从而创造更大的价值，并能通过"创新"创造出一个属于自己的美好未来。

（一）展开想象的翅膀

想象力是人类运用储存在大脑中的信息进行综合分析、推断和设想的思维能力。如果没有想象的参与，思考就无法继续，特别是创造想象，它是由思维调节的。幻想是构成创造性想象的准备阶段，今天还是幻想的东西，明天就可能出现在创造性的构思中。

（二）善于观察和思考

善于观察和善于思考是不断提升认知能力和创造力的关键。通过仔细的、多角度的观察，进而引发批判性、创造性和反思性思考，可以更好地理解事物本质并掌握规律，有助于提升观察和思考能力。

（三）培养发散思维

发散思维可以帮助人们从不同角度、不同层面去思考问题，发现问题的多种可能性，从而提出新颖、独特的解决方案。这种能力对于推动科技进步、促进社会发展和提高个人竞争力至关重要。

（四）培养强烈的求知欲

创新思维往往是从人们感到"惊奇"时，在情感上燃烧起对这个问题追根究底的、强烈的探索兴趣开始的。要激发创造性学习的欲望，首先要有强烈的求知欲，要有意识地为自己出难题，或者研究前人遗留下的不解之惑，激发自己的求知欲。

（五）打破惯性思维的枷锁

没有突破就没有创新，没有创新就没有活力，没有活力就没有生命力，所谓突破就是打破旧的传统、习惯、经验等思维定势，使思维创新产生质的飞跃，创新思维最大的敌人是思维惯性。

实践应用

任务：发现自我的创造力

一、任务背景

1997 年，重回苹果公司担任 CEO 的乔布斯推出了著名的"Apple Think Different"广告来传递苹果的价值观，"Think Different"即"不同的思维"。可以说乔布斯的一生成就得益于他独特的思维方式。

苹果公司在推出其首款智能手机 iPhone 时，乔布斯是这样说的："人们把最先进的手机叫作智能手机。它们的确更具智能，但实际上它们也更难使用。无论你需不需要，它们的键盘每时每刻都在那里。你要如何解决这一问题？二十年前，这在电脑上得到了解决。我们用一个能够展示一切的屏幕解决了它。我们接下来要做的是去掉所有按键，仅仅制作一个巨大的屏幕。我们不愿意把鼠标带来带去。我们将使用一支触屏笔。不，你不得不将它抽出来、放回去，然后将其弄丢。我们要用的是我们的手指。"通过他对 iPhone 手机的描述，反映出他的"Think Different"思维模式。乔布斯一生都倾注于提出问题："为什么这样行不通？"和"应当做何改变才能让它行得通？"

二、任务布置

（1）乔布斯对于苹果手机的设计理念告诉我们什么道理？
（2）请结合案例说一说什么是创新思维。

三、任务分析

乔布斯是一位极具创造力的企业领袖，他带领苹果公司创造了业界的传奇。乔布斯获得极大成就的一个重要原因就如同苹果公司的广告语"Apple Think Different"，具有与众不同的思维方式。乔布斯坚信用户"不知道自己要什么"，他频繁引用亨利·福特的名言：如果我问客户他们需要什么，他们总是说要"一匹更快的马"！所以，苹果公司总是去制造令人惊喜的产品。创新的理念和思维也是未来企业具备的要素之一。通过这种思维，能够突破常规的界限，以超常规甚至反常规的方法和视角去思考问题，提出与众不同的解决方案，从而产生新颖、独到、有社会意义的思维成果。

四、任务拓展

（一）活动形式

以 5～8 人组建小组开展活动。

（二）活动要求

通过五种感官来描述自我特征（图 3.1），形成一个"有创造力的我"。运用五种感觉撰写自我介绍演讲稿并进行自我介绍。根据"有创造力的我"形成表演剧，公开展示，锻炼创造力。

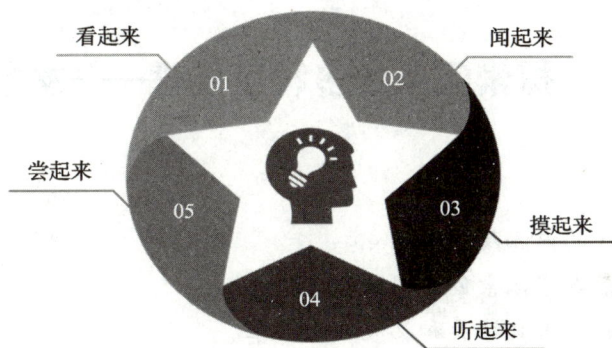

图 3.1　通过五种感觉来描述自我特征

（三）活动步骤

（1）请通过五种感官来描述自我特征，形成一个"有创造力的我"，并分别写下来。

_____

_____

_____

（2）小组内进行自我介绍并投票选出最有创造力的一位同学。

_____

_____

_____

（3）小组由选票最高者进行自我介绍，分别扮演一种感官，排演表演剧并分组展示。

（4）小组分享：通过这个活动你有哪些收获？其他同学的奇思妙想对你有什么启示？

◎ 思政园地

黄纬禄院士是中国著名火箭与导弹控制技术专家和航天事业的奠基人之一、中国导弹事业的开拓者之一。中国导弹的研制是从仿制开始的，在仿制工作进入关键时刻，苏联却单方面撕毁协议，撤走了全部专家，给中国的导弹科研工作造成了无法想象的困难。黄纬禄和他的战友们下定决心，一定要搞出自己的"争气弹"！黄纬禄大胆假设、小心求证，连续攻克了导弹飞行中弹体弹性振动等系列技术难关，为我国导弹事业的创建和发展作出了重要贡献。创新思维是一种敢于打破传统观念，突破旧的条条框框，大胆提出新见解的思维方式。在建设社会主义现代化国家新征程上，社会主义建设者们要敢闯敢试、勇于变革、敢为人先。

资料来源：https://www.12371.cn/2013/08/12/ARTI1376293879931192.shtml.

主题二　探索问题的多种可能性——发散思维

学习目标

1. 理解发散思维的内涵及主要特点。
2. 能够运用发散思维探索创新想法和方案。
3. 使用思维导图等工具培养和拓展发散思维。

引导案例

"天问一号"的"冲锋衣"

2021年5月15日，"天问一号"着陆巡视器成功着陆火星。在向火星靠近的飞行轨道里，"天问一号"需经历多次温度循环变化，最高温100℃、最低温可达−120℃。除此之外，太空持续不断的高能紫外线与电离辐射也会对其外表产生损耗损伤。因此，给"天问一号"穿一件特制的"冲锋衣"就显得尤为必要。"天问一号"的"冲锋衣"学名为低吸收−低发射热控涂层，它是一种涂饰在航天器外表面的热控制材料，通过自身对太阳光谱辐照的反射能力，以及其自身的红外辐射特性，从而有效地减少空间环境对航天器内部造成的温度影响。这件"冲锋衣"由中国航天科技集团五院529厂历时两年精心研制，其成功研制蕴含了多项自主关键技术。

资料来源：https://baijiahao.baidu.com/s?id=1699786681150810062&wfr=spider&for=pc.

案例简评："天问一号"的这件"冲锋衣"采用了中国以往热控涂层领域中从未有过的类型。虽然采用单独具备低吸收功能的热控涂层比较常见，但是，为了解决火星环境及温度变化对航天器的影响，经过反复试验，研发团队最终成功突破了多项低吸收低发射涂层研制的关键技术，形成了具备低吸收和低发射功能的热控涂层新技术，为"天问一号"量身打造出了这身银光闪闪的"冲锋衣"。一项科技难题的攻关，也是科研人员不断利用创新思维解决问题的过程。同时，任何一项先进技术的出现必定经过艰苦攻坚的探索过程。

知识准备

一、发散思维的内涵

　　发散思维是从不同层次、方向、途径和角度探求多种解决问题的思路和答案的思维方式。发散思维（Divergent Thinking），又称辐射思维、放射思维、扩散思维，是指大脑在思维时呈现的一种处于扩散状态的思维模式。它表现为思维视野广阔，思维呈现出多维发散状，如可以用一题多解、一事多写、一物多用等方式来培养发散思维。

二、发散思维的主要特点

（一）流畅性

　　流畅性是指在尽可能短的时间内，生成并表达出尽可能多的思维观念，并较快适应消化新的思维观念。大家常说的"机智"，就与流畅性密切相关。流畅性反映的是发散思维的速度和数量等特征。

（二）变通性

　　变通性是克服头脑僵化的思维框架，按照新的方法来思考问题。变通性需要借助横向类比、跨越性转化、触类旁通等方式，使发散思维沿着不同的方面和方向扩散。

（三）独特性

　　独特性是指发散过程中能够做出不同寻常的异于他人的新奇想法。独特性是发散思维的最高目标。

　　总之，流畅性是发散思维的较低层次，变通性和独特性则分别是发散思维中的中等层次和高等层次。需要注意的是，运用发散思维要善于使用人的多种感官，如视觉、听觉，还要充分利用其他感官来接收信息，并进行信息的加工。此外，发散思维还与情感有着密切的关系。如果你能够想办法激发自己的兴趣，产生新的激情，把一些信息感性化，赋予它情感色彩，就会提高发散思维的速度与效果。

实践应用

任务：绘制思维导图，拓展发散思维

一、任务背景

美国贝尔实验室培养出了 11 位诺贝尔奖获得者，诞生了改变世界的十大发明，是一个令人肃然起敬的地方。在贝尔实验室里刻着这样一句话："有时需要离开常走的大道，潜入森林，你肯定会发现前所未有的东西。"这句话指出发散思维对于科学创新的重要性。不少心理学家也认为，发散思维是创造性思维最主要的特点，是测定创造力的重要标志之一。思维导图是发散思维训练经常使用的工具之一。

二、任务布置

请结合学习和生活中感兴趣的事物，用思维导图的方式进行发散，不少于 3×2 个节点，并说明意图。试牛刀：请你利用发散思维的方法说一说手机有哪些用途？

三、任务分析

美国心理学家乔伊·吉尔福特认为，创新思维的核心是发散思维。发散思维是创新思维中常用的一种思维方式，拟从不同层次、方向、途径和角度探求多种解决问题的思路和答案。比如常说的一题多解、一事多写、一物多用。思维导图是发散思维的外部表现，是表达发散思维的一种有效的图形工具。

四、任务拓展

（一）活动形式

以 5～8 人组建小组开展活动。

（二）活动要求

了解发散思维的内涵，掌握发散思维常用的工具——思维导图的使用，从多种思维发散点培养发散思维，小组交流思想，分享更多不同角度的发散思维成果。

（三）活动步骤

（1）思维导图常使用手绘的方法，也推荐使用思维导图软件，如 Xmind、MindMaster 或者百度脑图等。

选择主题：_____

绘制办法：_____

（2）发散角度（一级），如材料、功能、方法、结构等。

角度 1：_____

角度 2：＿＿＿＿＿＿＿＿＿＿＿＿＿＿＿＿＿＿＿＿＿＿＿＿＿＿

角度 3：＿＿＿＿＿＿＿＿＿＿＿＿＿＿＿＿＿＿＿＿＿＿＿＿＿＿

角度 4：＿＿＿＿＿＿＿＿＿＿＿＿＿＿＿＿＿＿＿＿＿＿＿＿＿＿

……

（3）思维导图（至少 2 级）。

（四）活动总结及讨论

回顾发散思维的特点，回答以下几个问题。

（1）请在 5 分钟内尽可能多地写出带有数字一至十的成语，如一心一意、二龙戏珠等。与朋友比一比，写得最多且正确的为胜。

（2）尽可能多地说出冰块的用途。

（3）你能设计出漂亮、新颖的伞的形状吗？

（4）用"病毒""疫情""一棵树""杂货店""天使"5 个关键词编写一个小故事。

◎ 思政园地

潘建伟，中国科学院院士，在量子通信、量子计算以及多光子纠缠操纵等量子信息实验领域中做出了杰出贡献。2018 年 12 月 18 日，在庆祝改革开放 40 周年大会上，潘建伟被授予"改革先锋"称号。在与大学生交流时，潘建伟谈起了自己的少年时代。1987 年，17 岁的潘建伟考入中国科学技术大学近代物理系。在这里，潘建伟了解到许多科技前辈的感人故事。潘建伟对大学生们说："很多外国人不明白，中国当时条件那么差，为什么能够完成'两弹一星'的壮举？正是由于大批具有家国情怀的科学家，为了国家的科技事业奉献了自己的一切。"潘建伟认为，发展量子通信、量子计算技术是国家重大需求，自己义不容辞，而把量子世界最奇怪的问题搞清楚，是自己内心的原动力。正因为我国有这样一批心怀梦想、艰苦攻坚的科学家，才能不断推动国家的进步与发展。

资料来源：https://finance.eastmoney.com/a/202307252791605342.html.

主题三　探索问题的共同特征——收敛思维

学习目标

1. 理解收敛思维的内涵及主要特点。
2. 能够运用收敛思维的方法，系统地分析问题、提出解决方案。
3. 掌握六顶思考帽工具的使用方法。
4. 通过运用收敛思维提升逻辑分析与推理能力。

引导案例

据 CNNIC 数据，截至 2022 年 6 月，我国网约车用户规模达 4.05 亿人，占网民整体的 38.5%。而据网约车监管信息交互系统的统计，截至 2023 年 2 月 28 日，全国共有 303 家网约车平台公司取得网约车平台经营许可。这说明随着人们出行需求恢复增长以及对安全卫生要求的提高，网约车服务受到了更多用户的青睐。网约车是共享经济的典型模式，交通共享依旧是未来大趋势。同样，共享经济也广泛应用于其他服务行业，在住宿、交通、教育服务以及生活服务及旅游领域，优秀的共享经济公司不断涌现：从宠物寄养共享、车位共享到专家共享、社区服务共享及导游共享，甚至移动互联强需求的 WiFi 共享。新模式层出不穷，在供给端整合线下资源，在需求端不断为用户提供更优质体验。

资料来源：https://roll.sohu.com/a/666196015_120245260.

案例简评：共享经济的模式已经深深影响着人们的观念和生活。共享经济作为一种新的经济模式，通过互联网把社会闲散资源和需求集中到一个平台上，采用数字化匹配对接进行交易，供方获得报酬，需方获得闲散资源的有偿使用权。共享经济是聚合思维的典型案例，通过引入各种物品和服务的共享，使用户能够享受低廉的价格，同时还能实现更高效的资源利用。

知识准备

一、收敛思维的内涵

收敛思维也称聚合思维，是指从已知信息中产生逻辑结论，从现成资料中寻求正确答案的一种有方向、有条理的思维方式。它是一种有方向、有范围、有条理的思维方式，与发散思维相对应。

二、收敛思维的主要特点

（一）封闭性

收敛思维的封闭性特点体现在其思考范围的相对固定和局限。与发散思维不同，收敛思维不是无限制地扩展思考范围，而是将思维聚焦于某一中心对象或问题，并从这个中心点出发，进行有方向、有条理的思考。这种思考方式有助于人们从众多的可能性中迅速筛选出与问题相关的信息，进而形成对问题的深入理解和解决方案。

（二）连续性

收敛思维的连续性特点主要体现在其思维过程中的紧密衔接和逻辑连贯性。在解决问题的过程中，收敛思维要求人们将每一个假设、推理或结论都紧密地联系在一起，确保整个思维过程形成一个逻辑严密、环环相扣的链条。

（三）求实性

发散思维不要求逻辑，可以产生许多想法。而收敛思维则是从实际出发，对设想和方案，通过比较、筛选、组合、论证，获得一个相对最优的结果，表现了很强的求实性。

实践应用

任务：利用六顶思考帽拓展思维

一、任务背景

六顶思考帽是"创新思维学之父"爱德华·德·博诺（Edward de Bono）博士开发的一种思维训练模式。六顶思考帽又称平行思考法，是一种同一时间只做一件事情的思考方法。在同一时间内做很多事情，总是非常困难且令人手足无措。六顶思考帽就是用来帮助我们在同一时间内只做一件事情的思考方法。我们不再同时思考太多事情，而是在同一时间内只"戴"一顶帽子。帽子有六种颜色，不同的颜色代表不同的思考类型。

白色思考帽：白色是中立而客观的。戴上白色思考帽，人们思考的是客观的事实与数据。

绿色思考帽：绿色思考帽寓意创造力和想象力，是具创造性的思考。

黄色思考帽：黄色代表价值与肯定。戴上黄色思考帽，人们从正面考虑问题，表达乐观的、满怀希望的、建设性的观点。

黑色思考帽：戴上黑色思考帽，人们可以持否定、怀疑、质疑的看法，合乎逻辑地进行批判。

红色思考帽：红色是情感的色彩。戴上红色思考帽，人们可以表现自己的情绪，还可以表达直觉、感受、预感等方面的看法。

蓝色思考帽：负责控制和调节思维过程，控制各种思考帽的使用顺序，规划和管理整个思考过程，并负责给出结论。

六顶思考帽应用的关键在于使用者如何排列帽子的顺序，也就是组织思考的流程。帽子的顺序非常重要，我们可以想象一个人写文章的时候需要事先计划文章的结构提纲；一个程序员在编制大段程序之前也需要先设计整个程序的模块流；思维也是同样的道理。六顶思考帽不仅定义了思维的不同类型，而且定义了思维的流程结构对思考结果的影响。人们一般认为六顶思考帽是一个团队协同思考的工具，事实上，六顶思考帽对于个人思考同样拥有巨大的价值。

二、任务布置

请思考在会议中如何合理排列六顶思考帽的使用顺序。

三、任务分析

团队中最常见的应用情境是会议，这里特指讨论性质的会议，因为这类会议是思维与观点碰撞、对接的平台，而我们在这类会议中难以达成一致，往往不是因为某些外在的技巧不足，而是因为从根本上不认同他人观点。六顶思考帽就成为特别有效的沟通框架。所有人要在蓝帽的指引下按照框架的体系组织思考和发言，不仅可以有效避免冲突，而且可以就一个话题讨论得更加充分和透彻。会议应用中的六顶思考帽不仅可以压缩会议时间，还可以加强讨论的深度。

下面是六顶思考帽在会议中典型的应用步骤：

（1）陈述问题（白帽）；

（2）提出解决问题的方案（绿帽）；

（3）评估该方案的优点（黄帽）；

（4）列举该方案的缺点（黑帽）；

（5）对该方案进行直觉判断（红帽）；

（6）总结陈述，做出决策（蓝帽）。

四、任务拓展

（一）活动形式

以 6～8 人组建小组开展活动。

（二）活动要求

利用六项思考帽分析本小组的创业机会。

（三）活动步骤

（1）陈述问题（白帽）。

_____

_____

_____

（2）提出解决问题的方案（绿帽）。

_____

_____

_____

（3）评估该方案的优点（黄帽）。

_____

_____

_____

_____

（4）列举该方案的缺点（黑帽）。

_____

_____

_____

_____

（5）对该方案进行直觉判断（红帽）。

_____

_____

_____

（6）总结陈述，做出决策（蓝帽）。

_____

_____

◎ 思政园地

卢永根，华南农业大学原校长、教授、博士生导师，中国科学院院士。卢永根在年轻时就加入了中国共产党，并始终将爱国主义作为自己的信仰和行动准则。他主持完成的《中国水稻品种的光温生态》，成为我国水稻育种工作者最重要的参考书之一，获得全国科学大会奖。他常年跋山涉水寻找野生稻，在继承导师丁颖生前收集的 7000 多份野生稻种的基础上，逐步扩充到 1 万多份水稻种质资源，为我国水稻种质资源收集、保护、研究和利用做出巨大贡献。他一生勤俭爱国，将自己的积蓄甚至遗体都捐献给了国家和人民。他曾将 880 万元积蓄捐献给教育事业，用于科学研究和教学。他的一生都在为中国的教育和科研事业奋斗，为培养更多优秀的科研人才和爱国青年做出了杰出的贡献。他的爱国主义情怀和无私奉献精神将永远激励着后人前行。

资料来源：时代楷模-卢永根（scau.edu.cn）.

主题四　探索问题新的可能性——联想思维

▶▶ 学习目标

1. 理解联想思维的内涵、主要特点及形式。
2. 能够使用联想思维的训练方法进行创新思考与实践。
3. 注重培养观察力、关联能力和快速思维能力。

引导案例

蛟龙入海——"蛟龙"号载人潜水器

2012 年 6 月 24 日，中国自主设计、自主集成研制的"蛟龙"号载人潜水器计划突破 7000 米下潜深度。这个深度是国家"863 计划"重大专项 7000 米载人潜水器项目的目标深度，也是此前中国人从未企及的深度，一举刷新此前下潜纪录。2017 年，"蛟龙"号新母船"深海一号"开工建造。2019 年，"深海一号"正式交付国家深海基地管理中心。2020 年，"深海一号"赴南海，完成"蛟龙"号改造升级的部分海试验收工作，并于次年再赴西北太平洋深渊区完成"蛟龙"号 7000 米级海试作业，"蛟龙"号改造升级后的技术性能得到充分验证，圆满完成全部验收任务。

资料来源：https://aoc.ouc.edu.cn/2022/0728/c15171a374731/pagem.htm.

案例简评：最早的潜水器是根据鲸鱼的外形发明的。科学家根据鲸鱼流线型的特点发明了潜水艇。鱼的身体内有鱼鳔，内部能储存空气，鱼正是利用空气在水中的浮力使自己上下移动，潜水艇的设计就是利用这个原理。科学家根据深海动物进行的设计正是利用了联想思维。十多年来，我国深海事业持续发展，"蛟龙"号圆满完成了 5 个试验性应用航次，整体性能技术升级改造，新母船"深海一号"建造成功，多航次实现新的突破。我国已经站在深海前沿科学研究、深海资源勘查、深海环境调查等国际前沿。

知识准备

一、联想思维的内涵

联想思维是由某一事物的概念、方法、形象等想到另一事物的概念、方法和形象的心理活动，是探索事物间共同或类似的规律，从而解决问题的思维方法。

二、联想思维的主要特点

联想思维具有连续性、形象性和概括性的特点。

第一个特征是连续性。联想思维由此及彼、连绵不断地进行，可以是直接的，也可以是迂回曲折的形成闪电般的联想链，而链的首尾两端往往是风马牛不相及的。

第二个特征是形象性。由于联想思维是形象思维的具体化，其基本的思维操作单元是表象，是一幅幅画面。

第三个特征是概括性。联想思维可以很快把联想到的思维结果呈现在联想者的眼前，而不顾及其细节如何，是一种整体把握的思维操作活动。

三、联想思维的形式

（一）接近联想

接近联想发生在甲、乙两事物在空间或时间上接近，且在审美主体的日常生活经验中又经常联系在一起的情况下。例如，听到蝉声联想到盛暑，看到大雁南去联想到秋天到来，等等。这种联想基于事物之间的时空接近性和日常经验中的关联性。

（二）类比联想

类比联想也称为类似联想，是指由一个事物的外部构造、形态或某种形状与另一事物的类同、近似而引发的联想延伸和连接。这种联想的特点是相同性（共性）和相似性，即表象的外形、神态、气质特征等某一方面的相同或相似。例如，由叶子联想到山川、河流等。

（三）对比联想

对比联想是对与事物有必然联系的相反事物、对应面、对立面的联想延伸和连接。它强调事物之间在外形、神态、气质、特性等某一方面的对立性。通过对比联想，人们可以从一个事物的特点联想到其对立面的特点。

（四）因果联想

因果联想是基于事物发展变化产生因果关系而衍生出的联想。它的特点在于因果性，即事物之间的发生、发展，现象的产生具有因果关系。因果联想可以是双向的，既可以由起因想到结果，也可以由结果想到起因。

四、联想思维的训练方法

（一）联想开花训练

所谓"联想开花"，就是以自己熟知的某一个事物或者词组为"中心主题"展开联想，所发散的主题内容不受任何限制地向四面八方发散，就像一朵绽开的花。我们可以随便拟定一些中心主题进行练习，比如以"时间"和"梦想"为主题进行联想开花，从中可以联想到成百上千种新词汇。

（二）联想接龙训练

所谓"联想接龙"，就是首先选定好某一个事物、词或者词组为"中心主题"，然后由中心主题散发出一个联想，再由激发出的联想变成主题继续激发出下一个联想，像条长龙一样无限制地往下延伸。联想接龙分为两种：一种为自由式，可以任由思维自由发挥；另一种为固定式，以成语、歌词、故事、因果关系等为固定发散结构。

例如，以"书本"为主题，开始自由式联想接龙，从"书本"联想到"教室"，再想到"黑板""老师""粉笔"，进而想到"石灰""岩石""地球"，那么想到"地球"可能就会联想到"中国"，进而想到"五星红旗"，然后想到"国徽"……就这样，联想思维会一个主题紧扣一个主题无穷无尽地流淌出来。我们也可以进行固定式联想接龙。固定式联想接龙必须设定规则，比如以每个词语的第一个字或者最后一个字进行联想接龙。

（三）曼陀罗训练法

曼陀罗训练法也称为九宫格训练法，起源于佛教，经过不断改进后，成为一种思维训练工具，广泛运用于学习和工作中。五个 W 摆在九宫格的十字当中，中心处是 Who，右边是 When，左边是 Where，下边是 Why，上边是 What。因此横轴上是 Where→Who→When，是空间—人—时间的安排；纵轴是 What→Who→ Why，是一种问的安排，问做什么，问主体，问为什么这么做。懂得这些之后，再使用曼陀罗训练法的时候就会变得容易操作。

实践应用

任务：联想思维训练

一、任务背景

埃拉内克医生很想发明一种能够诊断胸腔内健康状况的听诊设备。一天，他到公园散步，看见小孩在玩跷跷板游戏，一个小孩用石块在跷板一头摩擦，另一个小孩用耳朵贴在跷板的另一头就能听到声音。他联想到给病人听胸腔内的心脏、肺呼吸的声音，于是，便用竹笛来当听诊器。后来，经过不断改进就成为今天医生用的听诊器。

二、任务布置

从埃拉内克医生发明听诊器这个例子中，我们可以发现很多发明创造都源于联想思维。请分别观察以下两组词语，尝试将每组中意义并不相关的两个词建立联系。

木头—足球：

_____

_____

_____

键盘—手套：

_____

_____

_____

很多发明都来源于大自然，请你提出一个仿生联想。

_____

_____

_____

三、任务分析

（1）苏联心理学家哥洛万和斯塔林茨经上百次实验证明，任何两个概念词语都可以经过四五个阶段建立起联系。虽然"木头"和"足球"两个概念风马牛不相及，但只要经过四步中间联想作为媒介，彼此之间就可以建立起联想关系：木头—树林—田野—足球场—足球。经过联想，可以很快地从记忆里追索出需要的信息，构成一条链，通过事物的接近、对比、同化等条件，把许多事物联系起来思考，进而形成创新的方案。

（2）联想思维的形式主要有接近联想、相似联想、因果联想、对比联想、类比联想。很多发明都来源于大自然，例如，子弹头列车的设计灵感来源于翠鸟的喙，模仿蝙蝠声波导航功能发明的声波手杖。

四、任务拓展

（一）活动形式

以 5～8 人组建小组开展活动。

（二）活动要求

了解联想思维的训练方法，培养用联想思维进行创新，解决实际问题。

（三）活动步骤

尝试从接近联想、相似联想、因果联想、对比联想、类比联想等联想思维的不同形式展开联想。

联想物	接近联想	相似联想	因果联想	对比联想	类比联想
手机—钱包					
键盘—手套					
仿生联想					

（四）活动总结及讨论

（1）托兰斯创造思维测验（TTCT）是由美国明尼苏达大学的托兰斯（E.P. Torrance）等人于 1966 年编制而成的，是目前应用最广泛的创造力测验，适用于各年龄段的人。托兰斯创造思维测验最常用的是图画创造思维测验，以下是改编版本。基于圆形，你能画出多少种图案呢？

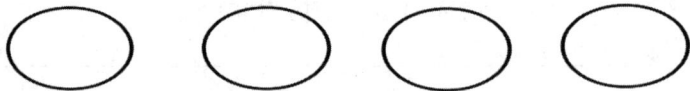

（2）回顾联想思维训练的方法，完成以下挑战。

【描述事物】
说出与"创新"相关的 10 种事物。

_____

_____

_____

【两两相关】
找出"手机"和"书本"的 10 个共同之处。

_____

_____

_____

【自由联想】
以"书包"为话题自由联想，并记录联想的过程。

_____

_____

_____

【联想接龙】

从新冠疫情开始联想，要求后一样事物与前一样事物必须有关联。

_____

_____

_____

_____

◎ 思政园地

无惧挑战的 "深海的哥"

2001 年，叶聪从哈尔滨工程大学毕业后来到七〇二所，正值历时十多年申请的 7000 米大深度载人潜水器接近立项，从此开启了他与"蛟龙"号共同成长的十余年历程。他深知，这一项目的成功关乎国家的尊严和利益。从 2009 年至 2012 年的四年海试期间，"蛟龙"号共下潜 51 次，他承担了其中 38 次下潜试验主驾驶任务。他始终将国家利益放在首位，用自己的实际行动诠释了什么是真正的爱国主义精神。除了在技术上的贡献外，叶聪还积极参与各种深海科学考察任务。他亲自驾驶"蛟龙"号下潜到深海之中，探索未知的海底世界。他的每一次下潜都充满了危险和未知，但他不畏艰难，展现了深厚的爱国情怀和奋斗精神。叶聪是这个时代最杰出的科学家之一，也是这个时代最值得我们学习和敬仰的爱国英雄之一。

资料来源：https://baijiahao.baidu.com/s?id=1640309536101494770&wfr=spider&for=pc.

模块 四

解决难问题

【背景描述】

　　创新是人类特有的认识能力和实践能力，是人类主观能动性的高级表现，是推动民族进步和社会发展的不竭动力。创新方法包含头脑风暴法、列举分析法、奥斯本检核表法、组合创造法。创新方法通过自由联想和讨论，可以更好地帮助我们获得解决问题的方法和创造发明的设想，探索出各种改进措施。

主题一　鼓励提出任何想法——头脑风暴法

▶ 学习目标

1. 了解头脑风暴法的内涵和原则。
2. 掌握头脑风暴的实施步骤。
3. 能够在团队合作中运用头脑风暴法解决实际问题。
4. 注重培养批判性思考的能力。

引 导 案 例

A 公司运用头脑风暴法制定创意策略

　　A 公司是全球最大的饮料生产商之一，其成功在很大程度上归功于其创新的营销策略。在制定创意策略时，A 公司运用头脑风暴法来激发员工的创造力，以开发出引人注目的广告和推广活动。

　　在头脑风暴会议中，A 公司的营销团队聚集在一起，共同探讨如何创造出独特、有吸引力的广告。他们从不同的角度思考问题，提出各种新颖的想法和创意。这些想法包括广告的主题、视觉元素、口号、音乐等。然后，他们将这些想法进行分类整理，筛选出最有潜力的创意。在这个过程中，他们不仅要考虑创意的独特性和吸引力，还要考虑其可行性和成本效益。通过反复讨论和修改，最终确定最具优势的创意策略。

　　资料来源：根据公开资料整理。

　　案例简评：头脑风暴式的思维模式，能激发创新思维，获取更多与议题相关的设想。但更重要的还是对获得的设想进行整理分析，以便选出有价值的创造性设想来加以开发实施。通过这种创新的头脑风暴法，A 公司的营销团队能够制定出更具竞争力的广告策略。这些策略有效地传达了 A 公司的品牌价值和特点，吸引了更多消费者，并提高了品牌知名度和市场份额。

知识准备

一、头脑风暴法的内涵

头脑风暴法又称智力激励法、BS 法、自由思考法。头脑风暴最早是精神病理学的用语，指精神病患者的精神错乱状态，现指无限制的自由联想和讨论，以便产生新观念或激发创新设想。头脑风暴法是由美国"创造学之父"亚历克斯·奥斯本于 1939 年首次提出、1953 年正式发表的一种激发性思维方法，是世界上最早付诸实践的创新方法。

头脑风暴法利用群体思维的互激效应，针对专门问题进行集体创造活动。头脑风暴法通过小型会议的组织形式，让所有参与者在自由愉快、畅所欲言的气氛中，自由交换想法或点子，并以此激发参与者的创新灵感，使各种设想在相互碰撞中激起脑海的创新"风暴"，获得更多解决问题的办法。它是一种依靠集体的智慧进行创新的方法。当多人一起讨论问题时，思想互相碰撞，沉睡的脑细胞被激活，意想不到的创新会出现。"一人独思，不如二人同想，二人同想不如三人会商。"它的核心是"集智"和"激智"。

二、头脑风暴法的原则

为了更好地运用头脑风暴法，使思维活动真正产生互激效应，必须严格遵守五项基本原则：自由畅谈、禁止评论、以量求质、鼓励衍生、相互启发。

（一）自由畅谈

自由畅谈是头脑风暴法会议的首要原则。参与者应不受限制地表达自己的观点，不论这些观点看起来多么离奇或不同寻常。自由畅谈有助于打破思维定势，鼓励人们探索新的、非传统的思考路径。

（二）禁止评论

"过早的批判是创新的克星。"禁止评论原则意味着在会议过程中，任何人对其他人的观点不得进行批评或评价。这样可以消除参与者的顾虑，使他们更愿意分享自己的想法。尽量营造放松、安全、开放的思考氛围，让人放下包袱，不断提出新设想，这是激发创新的保证。

（三）以量求质

追求数量原则强调在会议中产生大量观点的重要性。参与者应努力提出尽可能多的想法，数量上的多样性有助于提高创新的可能性。以数量求质量，这是成功的基础。

（四）鼓励衍生

鼓励衍生原则鼓励参与者从现有观点中衍生出新的想法。通过这一原则，会议可以进一步激发创新思维，从现有观点中产生新的创意。

（五）相互启发

相互启发原则强调的是思想的碰撞和融合。当一个参与者的观点启发其他参与者时，会产生更多的创意和新的思考方向。相互启发可以促进集体思考，提高创新思维的产生。

三、头脑风暴法的实施步骤

头脑风暴法是一种有效的集体创新方法，通过集思广益，激发人们的创造力，以解决特定的问题。以下是实施头脑风暴法的七个步骤。

（一）确定议题

首先，要明确头脑风暴会议的目标和议题，确保议题具有明确性、可操作性和可行性。议题不宜过大或过小，要确保能够在预定时间内完成讨论。

（二）组建小组

根据议题的需要，组建一个由不同背景和专长的人员组成的小组。小组成员的数量可根据实际情况而定，一般为5～10人。确保小组成员具有多样性，以便从多个角度思考问题。

（三）营造氛围

在会议开始前，要营造一个轻松、自由、开放的氛围，让参与者能够放松身心，畅所欲言。可以通过布置场地、提供茶点等方式来营造氛围。

（四）自由畅谈

在会议过程中，鼓励参与者自由发表意见，不评价其正确性或可行性。同时，要限制会议中的发言时间，避免某些人占据过多的发言机会。鼓励参与者提出新颖、独特的想法。

（五）记录观点

安排专人记录参与者的观点和想法，以便后续的整理和筛选。记录时要注意准确性和完整性，尽量保留原汁原味的观点。

（六）分类整理

在会议结束后，对记录的观点进行分类整理，将相似或相关的观点归为一类。同时，要去除重复或无用的观点，以方便后续的评估筛选。

（七）评估筛选

最后，对整理后的观点进行评估筛选。评估时要综合考虑观点的创新性、可行性和实用性等方面。筛选出最有价值的观点，作为解决问题的方法或思路。同时，要鼓励参与者在后续工作中继续发挥创造力，提出更多有价值的想法。

通过以上七个步骤的实施，可以有效地运用头脑风暴法激发团队的创造力，找到解决问题的方法。

实践应用

任务：运用头脑风暴法，寻求解决问题的方法

一、任务背景

"核桃树，万年桩，世世代代敲不光。"白露过后，A 村的核桃进入收获期，村边的核桃地里欢声笑语，村民们享受着敲核桃的喜悦。但这一年，受经济新常态的影响，青皮核桃的批发和零售价大幅下滑，核桃种植户们陷入了困境。看着满院的核桃，大家决定进行深加工，去壳，将核桃仁卖给附近的食品加工厂。但是，这么多核桃，该怎样去壳呢？

二、任务布置

如何又快又好地对大量核桃进行去壳加工？

三、任务分析

分析该问题时可以采用头脑风暴法来集思广益。推选一位主持人和记录人，主持人负责激发大家踊跃发言或控制发言时间，记录人负责记录大家的观点。之后，大家可以从多个角度各抒己见。

观点 1：核桃外壳坚硬，难以剥开。如果使用蛮力砸开或掰开，容易损坏果仁。因此，去壳时，须非常小心，以保持果仁的完整性。

观点 2：不同大小的核桃去壳难度也不同。大而饱满的核桃去壳难度通常较小，而小而扁的核桃去壳难度则较大。

观点 3：在使用机械去壳时，高速旋转的刀片或高压气流可能会对果仁造成一定程度的机械损伤。

观点 4：在使用化学试剂去壳时，化学试剂可能会残留在果仁上，对人体健康造成潜在威胁。

发言完成后，大家对创意可以进行分类和归纳，也可以投票选出可行的3点创意。通过以上几个观点，我们会发现每种方法在实施的过程中都会有问题，而提出的这些问题正是后面我们不断改进的方向。

四、任务拓展

（一）活动形式

以8～10人组建小组开展活动（课堂教学也可以班为单位）。

（二）活动要求

小组初步拟定一个需要解决的问题，问题的选择要具体，不要宽泛，以此开展头脑风暴。活动时应遵守五项基本原则：自由畅谈、禁止评论、以量求质、鼓励衍生、相互启发。

（三）活动步骤

（1）项目名称：

_____

_____

_____

（2）问题情境：

_____

_____

_____

（3）问题分析：

_____

_____

_____

（4）明确讨论议题：

_____

_____

_____

（5）整理评估：
①观点总结：

_____

_____

②答案分析：

_____

_____

_____

③解决方案：

_____

_____

_____

五、活动总结及讨论

（1）如何能保证头脑风暴的效果？

_____

_____

_____

（2）讨论一下主持人在活动中所起的作用。

_____

_____

_____

◎ 思政园地

在各种领域和场景中，头脑风暴法都被广泛采用，作为一种有效的创新思维方法，帮助团队激发集体智慧、提高问题解决能力和决策质量。在头脑风暴的过程中，每个参与者都可以贡献自己的知识和经验，从而集合整个团队的智慧。这种集体智慧的汇聚有助于发现问题的多个方面和潜在的解决方案。头脑风暴法鼓励团队成员积极参与共同思考和探讨问题，强调团队合作和互动，促进了团队合作和交流，提升了团队氛围的融洽和凝聚力。

资料来源：根据公开资料整理。

主题二 逐一列举所有问题——列举分析法

▶ 学习目标

1. 了解列举分析法的内涵和类型。
2. 掌握不同类型列举分析法的实施过程。

3. 能够使用列举分析法分析改进创新项目。

4. 培养有序思考的能力。

引导案例

A公司完善手机功能的启示

A公司推出了一款新手机，设计团队在研究市场和用户需求后，运用列举分析法，对手机的功能、外观、材料、成本等方面进行了详细的分析和比较。他们列举了市面上其他手机的特点和优缺点，以及用户对手机的不同需求和期望，然后结合公司的战略和目标，最终确定了手机的设计方案。通过这种方式，设计团队确保了新款手机的功能完善、外观时尚、材料高端且成本可控，成功地满足了市场和用户的需求。

资料来源：根据公开资料整理。

案例简评：列举分析法可以帮助人们系统分析和整理问题，找出关键因素和解决方案。在实际应用中，列举分析法可以应用于产品设计、市场策划、项目管理等多个领域，帮助团队做出更明智的决策和更有针对性的方案。

知识准备

一、列举分析法的内涵

列举分析法是将研究对象的某方面属性——罗列出来，进行分析研究，从中探索出各种改进措施的创新方法。列举分析法是一种最基本的创新方法，可以用于新产品开发和旧产品改造，是最基本的选题方法和实际构思方法。

二、列举分析法的类型

常用的列举分析法有属性列举分析法、缺点列举分析法、希望点列举分析法和综合列举分析法。

（一）属性列举分析法

属性列举分析法通过将事物分解为不同的属性，针对这些属性进行创新性的改变与重新设计，以寻求改进和创新的途径。这种方法的目的是通过对事物属性的创新来改变事物的本质特性和功能，进而创造出新的产品或解决方案。

在属性列举分析法中，通常将事物分解为不同的属性，并对每个属性进行分析和重新设计。具体步骤如下。

1. 确定研究的事物和目标

首先需要明确要研究的事物或问题，并确定要达到的目标或要解决的问题。

2. 列举属性

将事物分解成不同的属性或组成部分，并对每个属性进行描述和列出。

3. 分析属性

对每个属性进行分析，了解其功能、特点、优缺点等方面，以便进行创新性的改变。

4. 提出改进方案

根据对属性的分析，提出改进和创新的方案，包括改变属性本身、优化属性功能、引入新属性等方面。

5. 实施方案

将提出的改进方案具体化，进行实际操作或实施。

6. 评估效果

对改进方案实施后的效果进行评价，如果对效果不满意，则须进行反馈和调整。

以设计一款新型椅子为例，可以采用属性列举分析法进行创新设计。首先，确定研究的事物是椅子，目标是为人们提供舒适、美观、实用、价格实惠的座椅。然后，列举椅子的不同属性，如材质、形状、尺寸、颜色、结构等方面，对每个属性进行分析并重新设计。提出的改进方案可以包括采用新材料（如记忆棉）来提高舒适度、优化座椅形状以更好地适应人体结构、增加扶手和调节功能等。实施方案后对效果进行评价和反馈调整，最终设计出一款符合目标的新型椅子。

（二）缺点列举分析法

缺点列举分析法通过列举事物的缺点，然后针对这些缺点进行改进和优化，以寻求创新和改进的途径。这种方法的关键在于发现和描述事物的缺点，并针对这些缺点提出解决方案。具体步骤如下。

1. 确定研究的事物

首先，明确要研究的事物或问题，并确定要改进的目标或解决问题的任务。

2. 列举缺点

将事物分解成不同的部分，并对每个部分进行描述和列出。然后，将每个部分的缺点进行明确，可以通过集思广益的方式来进行，如开展小组讨论或调研。

3. 分析缺点

对列出的缺点进行分析，了解其产生的原因、影响和后果。这一步有助于更好地理解问题的本质，并为后续的改进提供指导。

4. 提出改进方案

根据对缺点的分析，提出改进和创新的方案。可以通过不同的思维方式，如横向思维、头脑风暴等，来激发创意和解决方案。提出的改进方案可以是技术上的革新、设计上的优化、管理上的调整等。

5. 实施方案

将提出的改进方案具体化，进行实际操作或实施。在这一过程中，需要注意方案的可行性和成本效益，以实现最优的改进效果。

6. 评估效果

对改进方案实施后的效果进行评价和反馈。如果对效果不满意，则须进行反馈和调整，并继续优化和创新。

缺点列举分析法的应用非常广泛，可以用于产品、服务、流程等多个领域。通过发现和改掉缺点，可以提高产品质量、增强用户体验、提升企业竞争力等。但同时需要注意，运用该方法需要具备创新思维和开放的视野，以及愿意尝试新事物和不断进步的心态。

（三）希望点列举分析法

希望点列举分析法是指通过提出对事物的希望和理想，使问题和事物的本来目的聚合成焦点来加以考虑的方法。这种方法的目的是发现和确定人们对某一事物的期望和需求，然后以此为基础进行创新和改进。具体步骤如下。

1. 激发和收集人们的希望

通过调查、访谈、小组讨论等方式，激发和收集人们对某一事物的希望和理想。这个过程中要注意广泛收集意见，并关注人们的需求和期望。

2. 研究人们的希望

对收集到的希望进行整理和分析，了解人们的期望和需求。可以采用分类整理法、SWOT 分析法等方法来帮助理解和研究人们的希望。

3. 形成"希望点"

将人们的希望转化为具体的、可操作的目标，形成"希望点"。这些"希望点"可以是针对产品、服务、流程等方面的具体要求或期望。

4. 创造新产品

根据形成的"希望点"，创造新产品或改进现有产品。这个过程中可以运用其他创新方法，如头脑风暴法、属性列举法等。

5. 评估和测试

对新产品的效果进行评估和测试，确保满足人们的希望和需求。根据反馈进行必要的调整和改进。

希望点列举分析法可以应用于产品开发、服务改进、流程优化等多个领域。通过发现和满足人们的希望，可以提高产品的竞争力、增强用户体验、提升企业的满意度等方面。同时，需要注意的是，人们的希望可能存在差异性和不确定性。因此，在应用该方法时需要充分考虑各种因素，并进行合理的管理和控制。

（四）综合列举分析法

综合列举分析法是一种系统化的创新方法，旨在全面、深入地分析和解决问题。这种方法涉及多个步骤，包括确定目标、收集信息、分类整理、比较鉴别、综合评价、预测未来、制定策略和反馈调整等。通过综合列举分析法，可以更全面地了解问题，发掘潜在的机会和解决方案，并制定有效的策略。具体步骤如下。

1. 确定目标

在开始任何创新过程之前，都需要首先明确目标。这有助于将注意力集中在解决问题或实现特定目标上。通过明确目标，团队成员可以更好地理解问题的本质，并确定需要解决的关键问题。

2. 收集信息

在确定目标之后，需要收集与问题相关的所有信息，可以通过调查、研究、访谈、观察等方式进行。收集的信息应涵盖问题的各个方面，包括市场状况、竞争态势、技术发展、用户需求等。

3. 分类整理

收集到信息后，需要对其进行分类整理。分类整理有助于将大量信息组织成有意义的部分，方便后续的分析和比较。在这一步骤中，可以采用不同的分类方法，如按时间、重要性、性质等进行分类。

4. 比较鉴别

在分类整理的基础上，进行比较鉴别。比较鉴别有助于发现信息之间的关联和差异，并进一步识别问题的关键因素。通过比较鉴别，可以更好地理解问题的本质，并为后续的决策提供依据。

5. 综合评价

综合评价是在比较鉴别的基础上进行的。通过对各方案进行全面的评价和权衡，确定其优缺点和可行性。这一步骤需要综合考虑各种因素，如成本、时间、资源等，以确定最佳的解决方案。

6. 预测未来

预测未来是对方案实施后的效果进行预测和评估。这有助于了解方案的可能影响和潜在风险，并为后续决策提供依据。预测未来需要基于已有的信息和经验，结合实际情况进行合理的推断。

7. 制定策略

在综合评价和预测未来的基础上，制定相应的策略和行动计划，包括确定具体目标、实施步骤、时间安排等。制定策略时需要考虑资源的配置和团队的协作，以确保计划的顺利实施。

8. 反馈调整

反馈调整是在实施策略过程中不断进行反馈和调整的过程。由于实际情况的变化和不确定性的存在，需要根据反馈信息对计划进行适时的调整和改进。反馈调整有助于及时发现和解决实施过程中的问题，提高策略的有效性和可行性。

综合列举分析法是一个系统化的创新方法，通过包含多个步骤的流程来解决问题或实现目标。这种方法可以帮助团队全面地了解问题，发掘潜在的机会和解决方案，并制定有效的策略。在实践中，可以根据具体情况选择合适的步骤和方法来进行综合列举分析，以获得最佳的创新效果。

实践应用

任务：使用列举分析法改进你的创意

一、任务背景

21 世纪的社会是智能化社会，智能生产、智能生活将是未来社会的必然趋势，智能化将会成为未来社会的一种主流。研究以智能手环为代表的智能穿戴在智能化社会中具有实际意义，如解决空巢老人及留守儿童的一些社会问题。为顺应市场需求推出智能手环项目，并拟在产品概念上进行创新。

二、任务布置

利用属性列举分析法，设计一款针对以上社会问题的新型智能手环。

三、任务分析

运用属性列举分析法设计智能手环时，会涉及对产品各项属性的全面考虑和分析。这种方法特别适用于产品的升级换代，强调对产品的特性或属性进行观察和分析，并针对每项特性提出改良或改变的构想。对于空巢老人及留守儿童等社会问题，智能手环项目可侧重关注以下几点。

1. 健康与安全功能

智能手环可以具备健康监测功能，如心率监测、血压监测等。对于老人，这项功能可以帮助老人及其家人及时发现老人的健康问题。手环可以集成 GPS 定位和紧急通信功能。对于老人，其家人可以随时查看老人的位置，确保老人外出不迷路。对于儿童，家长可以在第一时间收到警报并采取行动。

2. 教育元素

对于留守儿童，可以在手环上集成一些知识性小游戏，以娱乐的方式帮助他们学习。

3. 文化与情感连接

考虑开发一个功能，让手环用户可以录制和发送语音或文字信息，与远在他乡的家人保持联系。

4. 易用性

确保手环的设计简单易用，尤其是对于老人，设计应尽可能直观，便于他们理解和操作。

5. 数据隐私

在收集和使用用户数据时，要严格遵守隐私法规，确保用户数据的安全。

6. 合作伙伴关系

与医疗机构、社区组织或其他相关机构建立合作关系，提供优惠或免费给目标用户，进一步扩大项目的社会影响力。

推出这样的项目不仅有助于解决空巢老人和留守儿童等社会问题，同时也为技术提供了一种应用方式，将社会价值和经济价值相结合。通过属性列举分析法，设计师可以全面地考虑智能手环的各项功能，确保产品能够满足用户的需求并提供良好的用户体验。同时，这种方法也有助于发现潜在的创新点，提升产品的竞争力。

四、任务拓展

（一）活动形式

以 8～10 人组建小组开展活动。

（二）活动要求

列举分析法是具体运用发散思维来克服思维定势的一种创造技法，主要利用属性列举分析法、缺点列举分析法、希望点列举分析法、综合列举分析法做以下分析。目前，你的创意产品或者项目有没有遇到瓶颈？请根据你拟定的创业项目或者产品，利用以上几种方法进行分析，有没有新的创意和解决问题的办法出现？

（三）活动步骤

创业项目名称：	
创业项目背景：	
确定研究对象：	

＿＿＿＿＿＿＿＿＿＿项目列举方案					
创意设计物品					
特性	＿＿＿特性	＿＿＿特性	＿＿＿特性	＿＿＿特性	＿＿＿特性
属性列举					
缺点列举					
希望点列举					
综合列举					

（四）活动总结及讨论

（1）活动总结。

（2）谈一谈我们生活中可以利用列举分析法解决哪些实际问题。

◎ **思政园地**

中国历史上有许多著名的军事家、政治家和思想家，他们擅于运用列举分析法来制定战略、解决问题和推动社会进步。例如，孙武在其军事著作《孙子兵法》中，运用列举分析法详细阐述了战争的策略、战术和组织管理，提出了许多具有深远影响的战略思想和原则，如"知己知彼，百战不殆""兵者，国之大事，死生之地，存亡之道，不可不察也"等。又如，战国时期的政治家商鞅在秦国实行变法时，运用列举分析法对秦国的国情进行了深入分析，提出了系统的改革方案。他通过逐一分析秦国的政治、经济、文化等方面的问题，提出了土地改革、税收改革、军事改革等一系列改革措施，为秦国的发展奠定了坚实基础。

总之，列举分析法在中国历史上具有广泛的应用和实践。这种传统智慧和方法论蕴含着丰富的智慧和创新精神，对于现代中国的发展具有重要的意义。通过学习和传承中国传统文化，我们可以汲取其中的智慧和力量，激发创新思维，推动社会发展和进步。

资料来源：根据公开资料整理。

主题三　对照检查九个事项——奥斯本检核表法

▶ **学习目标**

1. 理解奥斯本检核表法的内涵及主要特点。
2. 掌握奥斯本检核表法的实施步骤。
3. 能够运用奥斯本检核表法筛选评估想法并提出合理解决方案。

引导案例

C 公司精彩策划

C 公司经常为客户解决各种棘手的问题，通过创新思维为客户提供有效的解决方案。某天，一个重要的客户遇到了一个非常难解决的问题，于是他们决定向 C 公司求助。客户的问题是他们是一家生产高端智能手机的制造商，但是最近发现市场上的竞争对手越来越多，而且对手的产品功能和外观设计也越来越出色，导致他们的产品销售量大幅下降。客户希望 C 公司能帮助他们重新定位产品，提高竞争力。C 公司决定采用奥斯本检核表法来解决这个问题。他们将员工分成几个小组，每个小组负责检核表中的一个方面。

首先，他们检核对象功能，思考如何改进手机的功能和用户体验。他们发现用户对手机的拍照功能和电池使用寿命非常重视，于是他们提出增加相机像素和改进电池技术的方案。然后，他们检核现有技术，看是否有新技术可以应用到产品上。他们发现目前市场上出现了一种新型材料，可以使手机更加轻便耐用。于是，他们决定在产品上采用这种材料。最后，他们检核创新可能性，思考是否有其他创新点可以增加产品的竞争力。他们想到可以增加人工智能助手功能，帮助用户更好地管理日程和工作。在实施条件方面，他们考虑了生产成本、供应链管理和销售渠道等因素，确保产品具有市场竞争力。在推广前景方面，他们分析了目标用户和市场趋势，制订了一系列的营销策略和广告计划。

通过逐一检核以上几个方面，设计团队最终制订出一套全面的产品改进方案。客户对这个方案非常满意，并决定立即开始实施。几个月后，新款智能手机上市了。由于在各方面都有了很大的提升，用户反馈非常好，销售量也大幅上升。

资料来源：根据公开资料整理。

案例简评： 奥斯本检核表法鼓励人们从不同的角度思考问题，避免片面和遗漏。这种方法有助于人们对问题进行全面的分析，发现问题的根源和关键点，并提出针对性的解决方案。这个案例展示了奥斯本检核表法的应用价值，通过系统地分析和思考问题，可以找到有效的解决方案并取得成功。

知识准备

一、奥斯本检核表法的内涵

奥斯本检核表法是由"创造学之父"亚历克斯·奥斯本在 1941 年出版的创造学专著《创造性想象》中首次提出的。因为它几乎适用于任何类型和场合的创造活动，能够帮助人们系统地思考和探索各种可能性，从而激发新的创造性设想。人们在实际应用中运用这种方法产生了很多杰出的创意，以及大量的创造发明，因此被称为"创造技法之母"。

奥斯本检核表法又称分项检查法，它根据需要解决的问题或需要创新的对象，以提问表格的形式，列出 9 个方面的有关问题，逐个对其进行分析，获得解决问题的方法和创造发明的设想。

二、奥斯本检核表法的主要特点

奥斯本检核表法的特点是简单易行、减少疏漏，排除人们不善提问的心理障碍，引导人们多向思维进行发散思考，突破旧的思维框架，开拓新的思路，产生大量原始思路和原始创意。奥斯本检核表法的核心是改进。

三、奥斯本检核表法的实施步骤

（一）具体步骤

（1）选定一个要改进的产品或方案。

（2）通过奥斯本检核表法列出的 9 个问题，强制性地一个一个核对讨论，写出新设想。这就是一个发散思维的过程。

（3）对新设想进行筛选，将最有价值和最具创造性的设想筛选出来，根据需求进行完善。这是一个收敛的过程。

（二）奥斯本检核表 9 个方面的提问构成

这 9 个问题包括能否他用、能否借用、能否改变、能否扩大、能否缩小、能否代用、能否调整、能否颠倒、能否组合。我们可以引导主体在创新过程中，对照 9 个方面的问题进行思考，形成比较好的设想，记录下来，并对新设想进行简单的描述，最终形成大量的方案，择优选用。

1. 能否他用

现有的东西有无其他用途？保持原状不变，能否扩大用途？稍加改变，有无其他用途？运用扩散思维的方法，想方设法广泛开发它的用途。

例如，夜光粉是一种用量少、用途不算广的发光材料，过去多用于钟表和仪表盘。后来人们扩大了它的用途，设计出了夜光项链、夜光玩具、夜光壁画、夜光钥匙扣、夜光棒等，应有尽有。还有人制成了夜光纸，将它裁剪成各种形状，贴在夜间或停电后需要指示其位置的地方，如电器开关处、公路转弯处、楼梯扶手上等。

再如，激光技术发明出来之后，其应用扩展迅速，几乎遍及各个领域，如在测量、特种加工、全息印刷、激光音响、激光武器、激光手术、激光麻醉等方面都有不同寻常的应用。

2. 能否借用

能否引用其他的创造新设想？能否从其他领域、产品、方案中引入新的元素、材料、造型、原理、工艺、思路？

例如，受石油工业中小机器人来探测管道漏洞做法的启发，制造出各种内窥镜用于医疗检查。

3. 能否改变

现有事物能否作适当的改变，如颜色、声音、味道、式样、花色、音响、品种、意义、制造方法等，改变后效果如何？

例如，1898 年，亨利·丁根把轴承中的滚柱改成了圆球，发明了滚珠轴承，大大降低了摩擦力，提高了轴承的使用寿命。

4. 能否扩大

能否增加适用范围？能否增加使用功能？能否添加其他部件？能否延长使用寿命？能否增加长度、宽度、厚度、强度、频率、速度、数量、价值？

例如，在两层玻璃中间加入某些材料，制成了防弹、防震、防碎的新型玻璃。

第一代摩托罗拉手机重 3 千克，只有基本的通话功能，后续手机的重量和体积不断变小，并增加了收发短信、收发邮件、上网、玩游戏、拍照、看电影、聊天、直播等功能。

5. 能否缩小

能否体积变小、长度变短、重量变轻、厚度变薄，以及拆分或省略某些部位？

例如，世界上最早的时钟出现在 11 世纪至 12 世纪，体积比较大。后来，德国锁匠将钟变小，做出了怀表；瑞士人将钟变得更小，做出了手表。

6. 能否代用

能否用其他材料、原件、结构、设备、方法、符号、声音替代？

例如，瓶盖里过去用橡胶垫子，后来改成低发泡塑料垫片，节约了成本。世界上石油、煤炭能源有限，鼓励利用太阳能、风能等新能源进行替代。

7. 能否调整

能否变换顺序、位置、时间、速度、计划、型号、内部元件？

例如，大家熟知的田忌赛马，同样的马，调整出场顺序之后，取得了不同的结果。飞机螺旋桨原来位于头部，后来装到顶部就变成了直升机。商场调整节假日的营业时间与柜台布局，可以提高销售额。

8. 能否颠倒

能否从里外、上下、左右、前后、横竖、主次、正负、因果等相反的角度颠倒过来使用？

例如，以前冰箱冷冻层在上，冷藏层在下，更换位置后，便于拿取食物，也更加节能。英国科学家法拉第把已被证明的"电流能产生磁"的原理颠倒过来，实现了"磁能变成电"的设想，诞生了世界上第一台发电机。

9. 能否组合

能否加以适当组合，原理组合、方案组合、材料组合、部件组合、形状组合、功能组合、目的组合？

例如，CT 检查已经成为临床的常规检查手段，豪斯费尔德把电子计算机技术和 X 射线扫描技术进行创造性组合，发明了 CT 机。西门子发明了洗衣烘干熨烫一体机，大大提高了保洁的效率，受到消费者的欢迎。

实践应用

任务：运用奥斯本检核表法探索创新方法

一、任务背景

A 镇，位于 B 市北部五六公里处，被誉为"自行车之乡"。自 1994 年起，A 镇开始发展自行车产业，历经几十年的深耕与积淀，成为具有全国影响力的自行车及电动车生产基地。在此期间，涌现出了许多知名品牌，一度占据全国自行车年产量的七分之一，为当地经济的快速增长和当地百姓收入的持续提高作出了巨大贡献。

随着近几年互联网的飞速发展，共享单车在全国范围内迅速普及，给传统的自行车产业带来了前所未有的冲击。A镇作为曾经的"自行车之乡"，面临着巨大的挑战。共享单车的便捷性和低成本运营模式，使传统自行车产业的生存空间被大幅压缩，订单量锐减，行业陷入低迷。

二、任务布置

（1）探索"自行车之乡"自行车厂商的未来在哪里？

（2）尝试通过奥斯本检核表法探索"自行车之乡"重新起航的机会。

三、任务分析

针对"自行车之乡"目前的困境，我们可以利用奥斯本检核表法进行分析，找到"自行车之乡"重新起航的机会。具体可以从以下几个方面进行检核。

1. 能否他用

除了传统的通勤和运动用途，自行车是否还有其他的潜在用途？比如，是否可以考虑开发专为旅游、观光或特殊活动设计的自行车？或者，是否可以将自行车与其他交通方式相结合，创造出更多元化的出行体验？

2. 能否借用

是否可以从其他行业或领域中借用某些技术、设计或理念，来改进或创新自行车？比如，是否可以借鉴汽车行业的轻量化技术来减轻自行车的重量？或者，是否可以借鉴电子产品的智能化技术，为自行车增加更多的智能功能？

3. 能否改变

现有的自行车设计有哪些方面可以改变，以满足新的需求或创造新的竞争优势？比如，是否可以改变自行车的结构或材料，以提高其舒适性和耐用性？或者，是否可以改变自行车的外观或配色，以吸引更多的年轻消费者？

4. 能否扩大

是否可以通过扩大自行车的使用范围或应用场景来拓展市场？比如，是否可以将自行车推广到更多的城市或地区？或者，是否可以将自行车用于更多的场合，如商业推广、文化活动等？

5. 能否缩小

在自行车的设计和制造过程中，是否可以通过缩小某些部件或功能，来降低成本或提高便携性？比如，是否可以缩小自行车的体积，使其更容易携带和存放？或者，是否可以缩小某些不必要的功能，以降低自行车的价格？

6. 能否代用

是否有其他材料、技术或部件可以替代现有的选择，以提高自行车的性能或降低成本？比如，是否可以使用更环保的材料来制造自行车？或者，是否可以使用更先进的技术来替代传统的机械部件？

7. 能否调整

现有的自行车设计或市场策略是否需要进行重新调整，以适应新的市场趋势或消费者需求？比如，是否可以根据不同年龄、性别或消费群体的需求，对自行车的设计和功能进行重新调整？

8. 能否颠倒

是否可以通过颠倒现有的自行车设计或市场策略来创造出新的竞争优势？比如，是否可以从消费者的角度出发，重新设计自行车的购买和使用流程？或者，是否可以从竞争对手的角度出发，制订出更具针对性的市场策略？

9. 能否组合

是否可以将不同的自行车类型、功能或技术进行组合，以创造出更具吸引力的新产品？比如，是否可以将电动自行车和折叠自行车进行组合，创造出既方便携带又具有较长续航里程的新型自行车？

通过奥斯本检核表法的应用，我们可以系统地思考和探索"自行车之乡"重新起航的机会，提出一系列具有创新性和实用性的想法和方案。这些想法和方案不仅可以为"自行车之乡"带来新的发展机遇，还可以为整个自行车行业注入新的活力和动力。

四、任务拓展

（一）活动形式

（1）以 10 人组建小组开展活动（课堂教学也可以班为单位），最好由不同专业或不同岗位者组成。

（2）会议时间控制在 1 小时左右。

（3）设主持人 1 名，主持人只主持会议，对设想不作评论。设记录人员 1～2 人，要求认真将参与者每一设想不论好坏都完整地记录下来。

（二）活动要求

在实施奥斯本检核表法的时候要注意结合智力激励法，不要对结果过早评判。要以量求质，并且要求大家畅所欲言，这样才能起到良好的效果。

（三）活动步骤

奥斯本检核表法是利用一系列提问引导创新者围绕研究对象从多角度、宽范围进行思考，以启迪思路，开阔思考空间，使人们更容易产生新设想和新方案的一种创新方法。它按照事物的 9 个方面依次提出设问，将设计的课题向 9 个方面进行发散，看能否提出创造性构想。

创业项目名称：

_____

_____

_____

确定研究对象：

_____

_____

_____

根据列举的 9 个方面分别予以检查创新，写下新构想。

（1）能否他用？

_____

_____

_____

（2）能否借用？

_____

_____

_____

（3）能否改变？

_____

_____

_____

（4）能否扩大？

_____

_____

_____

（5）能否缩小？

_____

_____

_____

（6）能否代用？

_____

_____

_____

（7）能否调整？

_____

_____

_____

（8）能否颠倒？

_____

_____

_____

（9）能否组合？

_____

_____

_____

对新的构想进行筛选，挑选出新颖性、创造性、实用性强的构想。

_____

_____

_____

（四）活动总结及讨论

（1）活动总结。

_____

_____

_____

（2）请运用奥斯本检核表法对生活中的常用物品进行检核创新。（例如鼠标、钟表、电灯、吹风机等。）

_____

_____

_____

◎ **思政园地**

在解决城市交通拥堵问题时，城市规划师运用了奥斯本检核表法。他们通过不断地问自己"能否颠倒"和"能否组合"，提出了一种颠覆传统交通布局的方案。在这个方案中，他们将部分道路改造成步行和自行车道，鼓励市民采用绿色出行方式。这一措施不仅有效缓解了交通拥堵问题，还提升了城市居民的生活质量。奥斯本检核表法作为一种经典的创新思维工具，在商业、科技、教育等领域发挥了巨大作用，这些案例不仅展示了奥斯本检核表法的实用性和创新意义，同时在应用方法时也关注问题的社会价值和道德意义，思考解决方案的可行性和社会影响。

资料来源：根据公开资料整理。

主题四　灵活组合不同要素——组合创造法

学习目标

1. 了解组合创造法的内涵、类型及主要原则。
2. 能够按照组合创造法的实施步骤分析问题。
3. 提升问题分解与重构的能力，以应对复杂问题的挑战。

引导案例

　　1969 年 7 月 16 日，美国"阿波罗 11 号"宇宙飞船发射升空。当飞船的指令长阿姆斯特朗从登月舱的扶梯走下来踏上月球时，全世界的人都为之振奋。虽然这只是小小的一步，却代表人类在太空探索的领域里向前迈进了一大步。当人们都为登月这一伟大创举而欢呼时，将"阿波罗 11 号"宇宙飞船送入太空的"土星五号"火箭的总设计师布劳恩却道出了一个惊人的秘密："阿波罗 11 号"宇宙飞船没有一项技术是新发明的，它只不过是把过去发明的很多技术和产品完美地组合起来而已。

　　资料来源：https://kns.cnki.net/kcms2/article/abstract?v=3uoqIhG8C44YLTlOAiTRKjZz7oeEFsKnY_LM5mh5O_XgS52yR4U3RNRIANhRjYEfNLXh6Yf1rNQ7bdPHwFtTZBUGlQ-Hin-q&uniplatform=NZKPT&src=copy.

　　案例简评：有时，人们觉得发明创造是科学家的事，很难实现。但如果我们试着将不同的事物巧妙结合起来，就会发现发明并非那么神秘。只要掌握了创造法，人人都能搞发明。

知识准备

一、组合创造法的内涵

　　组合创造法是通过将两个或两个以上的事物巧妙结合，来获得具有统一整体功能的新事物的方法。组合创新是最常见的创新活动，许多发明和革新都是组合的结晶。爱因斯坦曾说："找出已知装备新的组合的人就是发明家。"有人对 20 世纪中 480 项重大创造发明进行分析后发现，在 20 世纪，三四十年代以原理突破型成果为主，以组合型成果为辅，五六十年代两者旗鼓相当，从 80 年代起组合型成果占据主导地位。随着移动互联、5G、大数据、人工智能技术的不断发展，知识纵横称王，信息瞬息万变，运用组合的方法显得更为重要。

　　组合的可能性无穷无尽，因此，运用组合创造法可以形成无数的新设想、新产品。日常生活中，组合创新的产品随处可见，例如，牙膏＋中药＝药物牙膏，扫地机＋传感器＋微电脑＝扫地机器人，机械技术＋电子技术＝数控机床，还有带计数器的跳绳、带笔筒的台灯、带照相机的手机、带灯光的雨伞等。

二、组合创造法的类型

组合创造法的类型多种多样，典型的有主体附加创造法、同类组合创造法、异类组合创造法、重组组合创造法。

（一）主体附加创造法

以某个事物为主体，通过添加其他附属事物来实现创新。例如，在铅笔上添加橡皮头，或者在电风扇中添加香水盒。这种方法的创造性较弱，但实现起来相对简单，只需要对原有事物进行适当的改进或添加。例如，给照相机增加闪光灯、为电视增加遥控器、为电扇加装定时器，以及在汽车上加装刮雨器、多媒体设备、行车记录仪等。

（二）同类组合创造法

将若干相同的事物进行组合，以创造出新的产品或解决方案。例如：双头落地扇，360°无死角送风，适合多种场所的通风散热，使人们在炎炎夏日，尽享双倍凉风的清爽；多胞胎手推车，缓解了多胞胎家庭的出行困难，使孩子们享受到了同时出行、探索世界的乐趣。另外，还有多功能插排、双人自行车、双层床、多功能螺丝刀、双层公交车等都闪现着组合创造法的智慧之光，极大地方便了人们的生活。

（三）异类组合创造法

将两种或两种以上不同种类的事物进行组合，以创造出新的产品或解决方案。例如，将音乐播放器与手表组合，创造出可以边听音乐边看时间的智能手表。这种方法需要较强的创造力和想象力，但也可能产生极具创新性的结果。例如，将杯子、刀片、电机进行组合就诞生了榨汁机，将扫地机、传感器、微型电脑进行组合就产生了扫地机器人，等等。

（四）重组组合创造法

通过对现有事物的要素进行重新组合，以创造出新的产品或解决方案。例如，对汽车发动机进行重新设计，以提高其燃油效率和动力性能。这种方法需要对事物的内部结构和工作原理有深入的了解，才能实现有效的重组。比如，飞机问世初期，螺旋桨置于机头，后来装到了机顶，发明了直升机。

三、组合创造法的主要原则

（一）整体性原则

整体性原则是我们在利用组合思想思考实际问题时，应遵循的首要原则。对于稍微复杂的问题，需要从整体去把握，进行科学的规划，做到统筹兼顾、大力协同，以便在解决问题的过程中能够协调好各方面的关系，实现组合元素的协作，从而发挥整体的新功能。可以想象，像组装汽车整车这样的工程，没有整体的观念是不可能实现的。

（二）目的性原则

做任何事情都需要有目的，没有目的就会迷失方向，也就不知该如何正确有效地从整体上把握和解决每一个实际问题。在解决问题的过程中，有目的才会有动力，我们的目的就是去解决在实际中遇到的各种问题。当然，在解决问题的过程中，我们可以将整体目标分解成许多更具体、更明确的小目标。这些小目标构成了整体目标。

（三）最优化原则

在研究、解决问题时尽量考虑周到，多中选优。解决问题的办法可能不止一种，这时就该遵循两利相衡取其重、两害相衡取其轻的原则进行综合优化和系统筛选，达到整体优化的目的。最优化原则可以帮助我们花最小的代价取得最大的效益。

四、组合创造法的实施步骤

（一）明确创造目标

在开始组合创造之前，首先需要明确创造的目标。这个目标应该具体、明确、可衡量，并能够指导后续的组合要素收集、分析筛选、创新组合设计等工作。创造目标的确立，有助于团队成员统一思想和行动方向，确保组合创造的过程围绕目标进行。

（二）收集组合要素

根据创造目标，收集相关的组合要素。这些要素可能包括不同的技术、产品、服务、资源、人才等。收集要素时，要注重全面性和多样性，确保能够覆盖所有可能有助于实现目标的要素。同时，要对收集到的要素进行分类和整理，为后续的分析筛选工作做好准备。

（三）分析与筛选要素

对收集到的组合要素进行深入的分析和筛选。分析要素的特点、优势、劣势及潜在价值，评估它们对实现创造目标的贡献度。筛选过程中，要根据目标需求，选出最具潜力和价值的要素作为后续创新组合的基础。

（四）创新组合设计

在分析和筛选的基础上，进行创新组合设计。这个过程需要充分发挥创造力和想象力，尝试将不同的要素进行组合、融合、重构，形成新的创新方案。创新组合设计要注重原创性和实用性，确保设计方案既能够满足目标需求，又具有一定的市场竞争力。

（五）实施方案制订

根据创新组合设计，制订具体的实施方案。实施方案应包括详细的操作步骤、时间安排、资源分配、风险评估等内容。制订实施方案时，要充分考虑实际情况和可行性，确保方案能够顺利实施并取得预期效果。

（六）组合效果评估

实施方案后，对组合效果进行评估。评估的主要内容包括目标是否达成、效果是否显著、是否存在问题等。评估过程中，要收集和分析相关数据和信息，对组合效果进行客观评价。评估结果将作为优化与迭代改进的依据。

（七）优化与迭代改进

根据组合效果评估的结果，对组合创造方案进行优化与迭代改进。优化与迭代改进的方向包括调整要素组合方式、优化实施方案、引入新的要素等。通过不断的优化与迭代改进，提高组合创造的效果和竞争力，实现创造目标的持续优化和提升。

通过以上七个步骤的实践和运用，可以有效地运用组合创造法进行创新设计和问题解决。在实际操作中，要根据具体情况灵活调整步骤和方法，确保组合创造的过程更加科学、高效和实用。

实践应用

任务：运用组合创造法产生你的创意

一、任务背景

随着社会快速发展和生活节奏的持续加快，日常生活中的洗衣问题和锻炼不足的挑战越来越突出。特别是对于学生、出租房住户和旅馆人员等特定群体，他们往往面临着使用洗衣机不便的困境。这些问题可能导致他们的衣物清洗变得烦琐且耗时，同时，也减少了他们锻炼的机会，影响了生活质量和健康。

因此，开发一种既能解决洗衣难题又能提供锻炼机会的产品具有重要意义。通过将洗衣机与健身设备结合，可以设计出一款既实用又创新的健身洗衣机。这款产品不仅能够解决洗衣问题，还能让用户在洗衣的同时进行身体锻炼，实现一举两得的效果。

二、任务布置

利用组合创造法探求健身洗衣机创新发明设计方案。

三、任务分析

（一）目标用户与市场定位

（1）主要面向学生、出租房住户和旅馆人员等需要节省空间、时间和成本的群体。

（2）强调产品的便携性、易用性和经济性。

（二）产品特点

（1）健身与洗衣相结合：通过特定的健身动作（如踩踏、拉动手柄等）来驱动洗衣机运转，从而实现健身和洗衣的双重效果。

（2）无需电源：利用人力驱动，无需外接电源，既节能又环保。

（3）价格低廉：针对目标用户的经济承受能力，设计价格适中、性价比高的产品。

（4）便携性：体积小巧，方便移动和存放，适合各种住宿环境。

（三）市场分析

（1）随着健康意识的提升，越来越多的人开始关注日常锻炼。这款健身洗衣机正好满足了这一需求，将锻炼与日常生活相结合，提高了生活的便捷性和趣味性。

（2）对于学生、出租房住户等群体来说，空间和时间都是非常宝贵的。这款洗衣机既节省了空间，又能在洗衣的同时进行锻炼，从而节省了时间。

健身洗衣机是一款具有广阔市场前景和实际应用价值的产品。通过巧妙地将健身与洗衣相结合，它不仅解决了现代社会中人们洗衣难、锻炼少的问题，还为人们提供了一种新颖、有趣的锻炼方式。同时，其价格低廉、无需电源等特点，使其在市场上具有较大的竞争力。通过有效的市场推广策略，相信这款健身洗衣机能够在未来市场中占据一席之地。

四、任务拓展

（一）活动形式

以 5～8 人组建小组开展活动。

（二）活动要求

根据组合创造法的实施步骤，结合自己的创意想法或创业项目，分析还有哪些方面需要改进。

（三）活动步骤

（1）确定创业项目名称：

_____

_____

_____

_____

（2）明确创造目标：

_____

_____

_____

_____

（3）收集组合要素：

_____

_____

_____

（4）分析与筛选要素：

_____

_____

_____

（5）创新组合设计：

_____

_____

_____

（6）实施方案制订：

_____

_____

_____

（7）组合效果评估：

_____

_____

_____

（8）优化与迭代改进：

_____

_____

_____

（四）活动总结及讨论

（1）活动总结。

_____

_____

_____

（2）讨论一下，如何运用组合创造法创新创造，推进自己的创业项目。

_____

_____

_____

◎ **思政园地**

组合创造法的应用要点在于，将两种或两种以上的理论、技术或产品的一部分进行适当的叠加和组合，以形成新理论、新技术或新产品。其特点是把似乎不相关的事物有机地合为一体，并产生新奇的事物。组合创造法注重资源整合、低成本和高效益，这与日常生产生活中强调的节约资源和提高效益的理念相吻合。运用组合创造法的原则，学会合理利用资源，实现效益最大化。

资料来源：根据公开资料整理。

模块 五

分析大环境

【背景描述】

创业环境是一系列概念的集合体，是各种因素综合的结果。正确分析创业环境是发现创业机会的基础，是进行创业可能性分析的前提。随时变化的环境既能给创业者带来机遇，也能给创业者造成威胁。创业者必须清楚宏观的、微观的、行业的等各种因素及其发展趋势，以及对具体行业、企业的影响是限制性的还是促进性的。只有这样，创业者才能抓住创业机会，避免严重威胁，成功创业。本项目帮助同学们了解创业环境分析方法，从不同角度挖掘创业机会，培养对机会敏锐的感知力。

主题一 评估环境——创业环境

▶ 学习目标

1. 了解创业环境的含义及分类。
2. 能够使用 PEST 模型进行创业环境的分析。
3. 提高对创业环境的敏感度和洞察力。

引导案例

乘风而上，粤港澳大湾区建设迎来"加速期"

中国美国商会总裁何迈可在"国家发展改革委与美在华跨国企业高层圆桌会——粤港澳大湾区站"活动上表示，粤港澳大湾区在航运、制造和采购环境方面都有优势，许多美国企业都有兴趣在粤港澳大湾区增加投资。在不久前举行的"投资中国年"广东专场推介活动上，外资合作项目达成 74 个，投资总额达 905 亿元人民币。新能源、先进制造、生物科技、人工智能和大数据，一批外资项目选择在粤港澳大湾区落地生根、舒枝展叶。

将粤港澳大湾区建设成一流湾区，关键在于规则衔接、机制对接，提升市场一体化水平。由粤港澳三地在深圳共同公布的 110 项"湾区标准"，让"一体化"真正走入居民生活。这 110 项"湾区标准"，涵盖食品、粤菜、中医药、交通、养老、物流等 25 个领域，其中加快基础设施互联互通类 14 项，构建具有国际竞争力的现代化产业体系类 16 项，建设宜居宜业宜游的优质生活圈类 80 项。有 58 项标准是由港澳相关单位牵头或共同牵头编制。小到广式月饼、广陈皮、传统凉茶，大到楼宇可持续发展指数、食品冷链应急配送规范，如今都有了统一标准。

资料来源：http://bgimg.ce.cn/xwzx/gnsz/gdxw/202305/01/t20230501_38527591.shtml.

案例简评：粤港澳大湾区在航运、制造和采购环境方面都有优势，随着越来越多科技生产要素在粤港澳大湾区聚集和流动，创新活力在粤港澳大湾区尽情迸发。与此同时，粤港澳三地就业、教育、医疗、社保等民生领域合作也取得新突破，宜居宜业宜游的优质生活圈逐渐形成。巨大的市场和机遇释放出强大的"磁石效应"，优越的创业环境吸引着一批批企业用真金白银投下"信任票"和"信心票"。

知识准备

一、创业环境的含义

创业环境是指那些与创业活动关联的因素的集合，具体来说包含三层含义。

（1）所有的创业活动都是具体的。无论在哪个行业进行创业，都要从实际出发，受环境支配，不能随心所欲。所有的创业活动都是现实的，都有一个明确的方向和目标。

（2）创业环境是一个动态的过程。创业环境具有较大的不确定性，创业者时刻面临着新的情况，需要解决新的问题。

（3）创业环境能为创业活动提供各种精神条件或物质条件。创业环境从各个方面影响着创业活动的进程，决定着创业活动的成败。

二、创业环境的分类

企业所处的创业环境是多样化的、有层次的，并形成一个分级系统，所以，按照创业层次来看，创业环境可以分为宏观环境、中观环境和微观环境。宏观环境是一国或一个经济地区范围内的创业环境。中观环境，又叫作行业环境，是指某个地区、城市、乡镇或者某一行业的创业环境。微观环境是指企业文化氛围、团队合作精神、创新精神等文化层面上的环境。

三、PEST 模型

PEST 模型利用环境扫描，分析总体环境中的政治、经济、社会与技术四个要素。简单来说，PEST 模型是对宏观环境的分析，即分析一切影响行业和企业的宏观因素。此模型能够较好地把握宏观环境的现状及变化的趋势，对有利于企业生存发展的机会加以利用，对环境可能带来的威胁及早发现，并及时避开。

（一）政治环境

政治环境包括一个国家的社会制度、执政党的性质、政府的方针政策、法律等因素。

创业需要着重关注政府的新政策、新提法，并在国家政策的框架下分析市场或者设计产品。例如，2023 年国家发布了《关于加快构建市场导向的绿色技术创新体系的指导意见》，鼓励创业者在绿色技术领域深入探索，利用政策红利推动产品创新和市场拓展。

（二）经济环境

经济环境既包括一个国家的人口数量及其增长趋势、国民收入、国民生产总值，及其变化情况，还包括企业所在地区和服务地区的消费收入、消费偏好、储蓄情况等因素。这些因素关系着企业财务管理战略及未来市场的大小。例如，随着居民可支配收入的增加，消费偏好将转向高品质、绿色健康产品，促使企业加大在环保与高端消费品市场的投资。

（三）社会环境

社会环境包括一个国家或地区的居民教育程度和文化水平、宗教信仰、风俗习惯、审美观点、价值观念等因素。比如，国家三孩政策的放开，尤其是家庭对孩子教育的重视不断提高，给从事玩具、母婴、医疗、儿童服饰、教育培训等行业的企业带来了巨大的商机。

（四）技术环境

技术环境要考察企业所处领域直接相关的技术手段的发展变化、国家对科技开发的投资和支持重点，以及该领域的技术创新和技术商品化的速度。例如，从在线问诊、远程医疗到智能穿戴设备监测健康数据，快速的技术创新和技术商品化速度，不仅满足了市场需求，也推动了整个行业的快速发展和变革。

实践应用

任务：利用 PEST 模型进行创业环境分析

一、任务背景

2013 年 5 月 28 日，阿里巴巴、银泰集团联合复星集团、富春控股、中国邮政、顺丰速运、三通一达（申通、圆通、中通、韵达），以及相关金融机构共同组建的"菜鸟网络科技有限公司"在深圳正式成立。

二、任务布置

利用 PEST 模型进行环境扫描，分析菜鸟网络的发展战略。

三、任务分析

根据任务背景的说明，需要对菜鸟网络的发展从政治、经济、社会、技术四个要素作以下分析。

（一）政治环境

"快递"连续 9 年登上政府工作报告。例如，在 2014 年全国两会上，政府工作报告首提快递，"要深化流通体制改革，清除妨碍全国统一市场的各种关卡，降低流通成本，促进物流配送、快递业和网络购物发展"。2017 年政府工作报告提出，"促进电商、快递进社区进农村，推动实体店销售和网购融合发展"。2019 年政府工作报告提出，"健全农村流通网络，支持电商和快递发展"。2021 年政府工作报告提出，"健全城乡流通体系，加快电商、快递进农村，扩大县乡消费""推动快递包装绿色转型"。2022 年政府工作报告提出，"发展农村电商和快递物流配送"。

（二）经济环境

随着电子商务的蓬勃发展与日益成熟，人民生活水平不断提高，网购逐渐成为消费者重要的购物方式，甚至是很多人主要的购物方式。快递业在快速发展中，与网购形成的相互推动、彼此支撑，成为中国经济发展的一大亮点。《2021 年中国快递发展指数报告》显示，2021 年全国快递业务量完成 1083 亿件，首次突破千亿件，同比增长 29.9%；业务增量再创历史新高，达 249.4 亿件。行业延续快速发展态势，发展动力依然强劲。日均快件处理量近 3 亿件，最高日处理量达 6.96 亿件，快件处理效率与峰值处理能力稳步提高。由此可见，快递业在不断继续成长中。

（三）社会环境

我国网络零售的电子商务行业发展一路繁荣，成为现代经济增长的一个亮点。人们的实际购买力在未来一段时间将加速释放，可能带来新的消费热潮，网络购物市场也将迎来新的发展机遇，网民对网络购物的认知度和接受度加速提升。一般而言，网络购物的使用与网民网络使用年限密切相关，网龄越长的网民使用网络购物的可能性越大，因此，网络购物使用率和交易金额必然会有更大的空间，这无疑给物流业增加了更多的发展空间。

（四）技术环境

随着信息技术的高速发展，越来越多的高新技术被应用到物流领域。二维码技术、GPS 技术、射频识别技术、大数据等信息技术的应用，自动化仓储、自动化分拣等技术的普及为菜鸟网络提供了良好的技术支撑。菜鸟网络是一个真正的社会化大物流平台，首先，通过在全国几百个城市使用"自建 + 合作"的方式建设物理层面的仓储物流中心。其次，利用物联网、云计算等技术，建立基于这些仓储设施数据应用平台，并共享给电子商务企业、物流公司、仓储企业、第三方物流服务商以及供应链服务。

资料来源：http://henan.china.com.cn/m/2022-05/11/content_41966937.html。

四、任务拓展

（一）活动形式

以 5～8 人组建小组开展活动。

（二）活动要求

了解大学生的创业环境，利用 PEST 模型，结合自己的创业项目分析当地的创业环境。

（三）活动步骤

PEST 模型是不同行业和企业根据自身特点与经营需要，从政治、经济、社会、技术四个要素进行分析。

（1）创业项目名称：

_____

_____

_____

（2）政治环境分析：

_____

_____

_____

（3）经济环境分析：

_____

_____

_____

（4）社会环境分析：

_____

_____

_____

（5）技术环境分析：

_____

_____

_____

（四）活动总结及讨论

（1）通过 PEST 模型的分析，外部环境为你的创业项目提供了哪些有利的条件？

_____

_____

（2）讨论一下，如何利用目前外部环境的有利条件改进自己的创业项目。

_____

_____

◎ **思政园地**

党的二十大强调，要优化民营企业发展环境，依法保护民营企业产权和企业家权益，促进民营经济发展壮大。中央经济工作会议上多次提到要鼓励支持民营经济和民营企业发展壮大。在新时代新征程上，我们要坚持"两个毫不动摇"，坚持社会主义市场经济改革方向，完善高质量公平竞争制度，加快营造稳定公平透明、可预期的营商环境，充分激发民营经济生机活力。要依法保护民营企业产权和自主经营权，依法保护民营企业家权益，为民营经济发展营造良好稳定预期。民营企业家要进一步弘扬企业家精神，构建亲清政商关系，将自身发展深度融入中华民族伟大复兴的宏伟蓝图之中。

资料来源：https://export.shobserver.com/baijiahao/html/586648.html.

主题二　了解政策——创业政策

▶ 学习目标

1. 了解国家创业政策。
2. 掌握获取创业政策支持的方法与途径。
3. 能够在创业项目中合理运用当地创业政策。

引导案例

"扶上马、送一程"——稳就业政策助力大学生创业

2016 年，研究生在读的王少华创办了湖南方得文化创意有限公司。从企业开办、资金获取到项目扶持，王少华最大的感受是，国家稳就业政策春风拂面。

创业之初，王少华跑遍全城寻找租金低廉的办公场所。昂贵的租金使王少华犯了愁。巧的是，当时正逢启迪之星孵化器落户长沙。作为第一家入驻孵化器的创业企业，王少华的公司不仅获得了半年租金免除，还享受到免费代理注册公司，免费财务、法律咨询等服务。加上长沙市政府给予的一次性创业补贴 5000 元、"人才新政"生活补助 2 万元，公司顺利起步了。

遇上资金周转困难怎么办？王少华押上全部身家开发了 AR《弟子规》产品，却苦于没钱推广。眼看产品就要砸在手里，王少华带上产品参加了长沙市人社局主办的创新创业带动就业项目比赛并被评为示范项目，获得 20 万元扶持资金。

打开销售渠道，是创业者要翻过的另一座"大山"。王少华的团队有想法有创意，但缺乏市场开拓经验，产品销量一直上不去。"多亏长沙市政府给我'配备'了创业导师。在创业导师的牵线搭桥下，我们成功地与中国邮政展开合作，一举打通销售渠道，这才让我们有了'扩招'的底气。"

资料来源：https://wenku.baidu.com/view/e05eb948a16925c52cc58bd63186bceb18e8ed46.html?_wkts_=1689238824757.

　　案例简评：谈到创业成功的原因，王少华强调是国家为大学生提供的稳就业的政策稳住了大学生创业者的心，让年轻人可以心无旁骛、放心大胆地拼搏创业。国家实施创业政策，特别是针对大学生的扶持政策，降低大学生的创业门槛，极大地激发大学生的创业热情。例如，政策中的简化注册流程、减少行政审批环节等措施，使得大学生在创业过程中更加便利，减少了不必要的困扰，提高了创业的成功率。政策中税收优惠政策、创业贷款等资金支持措施，为大学生提供了重要的资金支持。这些政策为大学生提供了创业的动力，让他们看到创业的可能性和机会，鼓励有意愿的大学生投身于创业事业当中。

知识准备

国家鼓励大学生创业的政策介绍

　　国家近些年陆续出台了一些鼓励和支持大学生创业的优惠政策，主要有以下八个方面。

（一）税收优惠

　　持人社部门核发的《就业创业证》（注明"毕业年度内自主创业税收政策"）的高校毕业生在毕业年度内（指毕业所在自然年，即 1 月 1 日至 12 月 31 日）创办个体工商户、个人独资企业的，3 年内按每户每年 8000 元为限额依次扣减其当年实际应缴纳的营业税、城市维护建设税、教育费附加和个人所得税。对高校毕业生创办的小型微利企业，按国家规定享受相关税收支持政策。

（二）创业担保贷款和贴息支持

　　对符合条件的高校毕业生自主创业的，可在创业地按规定申请创业担保贷款，贷款额度为 10 万元。鼓励金融机构参照贷款基础利率，结合风险分担情况，合理确定贷款利率水平，对个人发放的创业担保贷款，在贷款基础利率的基础上上浮 3 个百分点以内的，由财政给予贴息。

（三）免收有关行政事业性收费

　　毕业 2 年以内的普通高校毕业生从事个体经营（除国家限制的行业外）的，自其在工商部门首次注册登记之日起 3 年内，免收管理类、登记类和证照类等有关行政事业性收费。

（四）工商登记方面

　　放宽新注册企业场所登记条件限制，推动"一址多照"、集群注册等，降低大学生创业门槛。简化注册登记手续，创办企业，只需填写"一张表格"，向"一个窗口"提交"一套材料"，登记部门直接核发加载统一社会信用代码的营业执照，"多证合一"。

（五）享受培训补贴

　　对高校毕业生在毕业学年（即从毕业前一年 7 月 1 日起的 12 个月）内参加创业培

训的，根据其获得创业培训合格证书或就业、创业情况，按规定给予培训补贴。

（六）免费创业服务

有创业意愿的高校毕业生，可免费获得公共就业和人才服务机构提供的创业指导服务，包括政策咨询、信息服务、项目开发、风险评估、开业指导、融资服务、跟踪扶持等"一条龙"创业服务。各地在充分发挥各类创业孵化基地作用的基础上，因地制宜建设一批大学生创业孵化基地，并给予相关政策扶持。对基地内大学生创业企业要提供培训和指导服务，落实扶持政策，努力提高创业成功率，延长企业存活期。

（七）落户政策

取消高校毕业生落户限制，允许高校毕业生在创业地办理落户手续（直辖市按有关规定执行）。

（八）高校相关支持政策

创新创业教育课程已作为必修课面向全体在校大学生开设，广泛举办各类创新创业大赛，支持高校学生成立创新创业协会、创业俱乐部等社团。此外，设立创新创业奖学金，在现有相关评优评先项目中，拿出一定比例用于表彰在创新创业方面表现突出的学生。

实践应用

任务：用好创业政策，获取创业支持

一、任务背景

2020 年，全国大众创业万众创新活动周于 10 月 15 日正式启动，李克强总理出席活动并发表重要讲话。他说，今年在疫情和世界经济衰退冲击下，我国经济能够稳住基本盘、较快实现恢复性增长，上亿市场主体的强大韧性发挥了基础支撑作用。近几个月来，新增市场主体、初创企业大幅增长，有力支撑了就业，其中"双创"发挥了重要作用。"双创"培育了接续有力的新动能，中小微企业蓬勃发展，很多大企业通过"双创"汇聚各方资源加速升级。"双创"以鼎新推动革故，促进了"放管服"等改革，成为提升创新效率和能力的重要抓手。他强调，创新创业是国家赢得未来的基础和关键。要尽心支持每一次创业，悉心呵护每一个创新。

资料来源：https://www.chinacourt.org/article/detail/2020/10/id/5526596.shtml.

二、任务布置

（1）你所在地区有哪些针对大学生的创业政策呢？

（2）你知道如何获取这些政策？如何用好这些政策吗？

三、任务分析

尽管很多大学生有着创新创业的激情与意愿，但是，因为缺乏社会经验，对国家政策法规缺乏信息获取渠道，往往会走很多弯路，甚至以失败告终。下面就申请创业扶持政策，总结几点攻略。

（一）如何找到扶持政策

（1）一般而言，各省份均配套有相关扶持政策，尤其是各级政府、人力资源与社会劳动保障、财政、科学技术，以及各地共青团委员会的官方网站上，可查阅到最新扶持政策。

（2）关注以上政府及职能部门的官方微信或微博，能第一时间获取相关政策信息。

（3）积极参与孵化器、各级政府及职能部门定期举行的政策宣讲会。

（4）参加各级各类创业大赛，获取政府及相关职能部门资源。比如，"赢在广州"大学生创业大赛，四届大赛获奖项目共计 376 个，其中 235 个项目已正式注册创办公司、投向市场，共有 5 个项目的产值规模超过 1000 万元，最高的一个项目，其产值规模已达到 5 亿元。

（二）哪些团队更容易获得扶持

（1）大学生创业团队：为支持大学生创业，国家和各级政府出台了许多优惠政策，涉及融资、开业、税收、创业培训、创业指导等。

（2）招用人数达到一定规模的团队：比如，深圳按录用人数（要求签订 1 年以上期限劳动合同并已缴纳 6 个月以上社会保险费）给予创业补贴，以带动就业。对招用 3 人（含 3 人）以下的按每人 2000 元给予补贴；招用 3 人以上的，每增加 1 人给予 3000 元补贴，总额最多不超过 3 万元。

（3）发展初具规模更容易达到条件：比如，政府小额担保贷款需要查看 6 个月以上的公司流水，这需要公司运行一段时间；深圳对自主创业人员在本市创办初创企业，正常经营 6 个月以上的企业给予 5000 元初创补贴；成功获得融资的企业；税收达到一定规模的企业。

（4）已被评定级别的企业：比如，广州市天河区对电子商务创业公司首次被认定为市级或以上电子示范企业的，给予一次性 10 万元的奖励。

（5）"新三板"成功挂牌上市的企业。

（6）获得相关发明专利的企业。

（三）如何提高申请成功率

（1）要耐心研读政策，理解政府规范申请流程，尤其留意文件中的关键信息。

（2）若无精力，可以尝试聘请有经验的第三方公司。

（3）公司运营中注意文件规范和存档，以备申请所需。

（4）设置专门对接政府扶持政策的岗位，以便专注政策变动。

四、任务拓展

（一）活动形式

以 5～8 人组建小组开展活动。

（二）活动要求

各组查找本地区针对大学生创业相关优惠政策，对接自己的创业项目，制订相应的创业计划。

（三）活动步骤

（1）你所在地区有哪些针对大学生创业的优惠政策？

_____

_____

_____

（2）你能参加的创新创业大赛有哪些？详细分析各类大赛的举办时间、参赛要求、比赛内容等，试试看能否组队参加。

_____

_____

_____

（四）活动总结及讨论

分享你的创业想法，结合当地创业优惠政策，分析实施可行性。

_____

_____

_____

◎ 思政园地

2014 年，云龙县民建乡边江村大学毕业生陈春伟在详细咨询了解政府各项扶持政策后，决心辞职返乡创业。当地政府及时对其开展政策指导，并通过乡人民政府推荐，获得多个部门提供的创业贷款扶持。在政府的帮扶下，他的香橼基地已初具规模，亩产香橼销售额可达 6 万元。"一人富不算富，大家富才是真的富"，这是陈春伟的父亲陈祥兴，一名 30 多年党龄的老党员对他的叮嘱。香橼基地在有了盈利后，陈祥兴充分发挥党员的先锋模范作用，发动周边村民种植香橼，并无偿地给村民提供苗木，教授种植技术，带动当地群众共发展种植香橼 2000 多亩，亩产 4000 余斤，年收入 300 多万元。许多像陈春伟一样的创业大学生在国家政策的扶持下获得成功。同时，他们也积极承担社会责任，将个人创业活动与国家发展紧密结合起来，改善当地居民的生活质量和福祉，为家乡做出贡献。

资料来源：www.ylx.gov.cn/ylxrmzf/c107032/202108/90b41ca8e0d04cc9b4f7edc222b4c788.shtml.

主题三　识别机遇——创业机会（一）

▶ 学习目标

1. 了解创业机会的含义及主要特点。
2. 学会分析不同的创业机会。
3. 培养识别创业机会的能力。

引 导 案 例

荣耀 CEO 赵明谈及手机行业创新周期话题时认为，目前看到的机会点，一是在未来可见的 3～5 年之内，无论是 VR 或者其他领域，方向上都看好，但智能手机短期内还是一个最佳的交互载体，对于消费者而言是最佳的解决方案；二是端侧的 AI 大模型、AIGC，即端侧的 AI 能力是另外一个全新机遇；三是多设备全场景的组合，即多设备结合在一起满足消费者的需求，是未来的一个发展方向。

对于折叠屏能否取代直板机的问题，赵明则认为，任何事情都是从量变到质变的过程，当所有的品牌都加入折叠屏的时候，行业发展肯定会加速，如果有朝一日苹果也做折叠屏，那苹果就从领先者变成了跟随者。所以，我们的目标和努力是真正把折叠屏的赛道做得更大，变成主力赛道。

资料来源：https://www.chinanews.com.cn/cj/2023/07-17/10044847.shtml.

案例简评：世界通信行业发展速度惊人，数字化浪潮滚滚前行，5G、AI、全场景智慧化时代就在眼前。我们已经站在一个从未到达过的新平台上，扑面而来的是广阔的发展机会。手机作为人人皆可使用的产品为包容的数字世界提供一种答案，享受数字生活带来的便利是消费者的需求。华为公司通过系列的用户调研、分析、测试合作，从系统层面深度优化消费者的体验感，向智能手机消费、端侧的 AI 能力、多设备全场景的组合三个发展方向深度探索。各行各业的创业者需要紧密关注行业动态和技术发展趋势，结合市场需求和自身资源，寻找适合自己的创业机会，以实现商业成功。

知识准备

创业是不拘泥于当前的资源约束、寻找机会、进行价值创造的行为过程。创业的关键要素包括机会、团队和资源。机会是创业的起点，创业过程就是围绕机会进行识别、开发和利用的过程。识别创业机会是创业成功最关键的一步，好的创业机会是创业成功的一半。

一、创业机会的含义

创业机会主要是指具有较强吸引力的、较为持久的、有利于创业的商业机会。创业者据此可以为客户提供有价值的产品或服务，同时，使创业者自身获益。创业机会是一种特殊的商业机会，它要比一般的商业机会更具有创新性和创造性。

二、创业机会的主要特点

机会是创业的核心要素，创业离不开机会。有想法有点子固然重要，但并不是每个大胆的想法和新异的点子都能转化为创业机会。许多创业者因为仅凭着想法去创业，最终失败了。好的创业机会具有以下四个特点。

（一）顾客倾心，魅力独具

创业机会吸引顾客的关键在于能够精准地满足市场需求，提供有价值的产品或服务，并通过有效的营销策略和品牌建设来引起顾客的关注和兴趣。同时，创业机会要满足真实的市场需求，只有能为消费者创造新价值或增加原有价值，才能对顾客产生吸引力，才有可能具有良好的市场前景。也就是说，创业机会要有价值性。

（二）商海可行，环境契合

创业机会必须适应创业者所处的商业环境，创业者才有可能开发和利用这种机会，这就是创业机会的可行性。例如，创业机会要符合市场需求，能够解决消费者或客户的痛点或需求。深入了解商业环境中的竞争格局，分析竞争对手的优势和劣势。通过差异化策略，找到与竞争对手不同的创新点，以在市场中脱颖而出。遵守商业环境中的法律法规，确保企业的合规经营。同时，商业环境中充满了不确定性和风险，创业者需要具备风险意识，并制定相应的风险管理策略。

（三）窗期必争，及时把握

机会窗口是指商业创意被推广到市场所花费的时间。新产品市场建立起来，机会窗口就被打开了。机会窗口一般会持续一段时间，不致转瞬即逝，但也不会长久存在。随着市场的形成，企业进入市场并设法建立有利可图的定位，当达到某个时点，市场成熟，竞争者已经有了同样的想法并把他们的产品推向市场，那么，机会窗口也就关闭了。因此，特定的创业机会仅存在于特定的时间段内，创业者务必要把握好这个"黄金时间段"，这也体现了创业机会的时效性。

（四）必要的资源和技能

在创业过程中，必要的资源涵盖了人力资源、财务资金、物质资产、信息情报以及时间等多个方面。若要将一个具有潜在价值的市场机会转化为创业机会，创业者必须具备与之相匹配的技能或资源。反之，如果创业者缺乏这些必要的资源支持，那么即便市场机会再有价值，对于该创业者而言，也仅仅是一个无法实现的空想，不能称之为创业机会。

三、创业机会的类型

创业机会可以分为三种类型：模仿型机会、识别型机会和创新型机会。

（一）模仿型机会

通过模仿别人的技术并结合自身特点，进行资源优化配置，降低成本形成竞争力的机会。例如，百度和谷歌同为搜索引擎公司，百度在本地化内容和服务、中文搜索优化、丰富的本地化应用、对中国政策和文化的了解，以及用户习惯和偏好等方面都表现出了明显的优势。这些优势使得百度在中国市场具有更高的竞争力和用户黏性。

（二）识别型机会

基于市场发展，对顾客的潜在需求进行预测而产生的机会。例如，随着社会的快速发展和人们生活节奏的加快，许多人面临着交友难、婚恋难的问题。百合网通过提供一个安全、便捷、高效的线上交友平台，满足了这部分人群的需求。百合网在婚恋交友领域取得了显著的成绩，得益于公司抓住了市场需求、技术革新、服务创新等关键机会。

（三）创新型机会

将新技术应用到不同领域，与其他行业融合，为顾客创造新价值的机会。例如，淘宝的免费模式是在商业模式上的创新。淘宝网在丰富商品品类的同时，自然形成了竞价搜索模式。为了方便买卖双方交易，淘宝提出支付宝模式，在解决了信用问题的同时，带来了新的商业价值；为了尽可能地促成交易，淘宝不仅不收买家和卖家的交易费，还创新出交流工具"阿里旺旺"，方便买卖双方进行交流。

实践应用

任务：寻找创业机会

一、任务背景

一次偶然的机会，梁伯强在一张旧报纸上看到了一篇文章——《话说指甲钳》，他非常兴奋。凭自己做了十多年五金制品的经验，他认为这其中一定大有文章。一个小小的指甲钳竟能在报纸上刊登，说明指甲钳并不小，其中定有空白点。

于是，梁伯强跑遍了当时全国仅有的五家指甲钳生产企业和 20 多个国家与地区了解指甲钳这个行业。当时在国内，指甲钳属于"日用百货"的行列，而梁伯强曾在国外见到，指甲钳竟在个人护理品和药店售卖，属于美容工具行列，因而他决定改变产品的定位。自此，圣雅伦将指甲钳作为"高级美容工具"进行生产售卖，与瑞士军刀等精品放在一起作为礼品，销量也是大增，梁伯强创业的第一步就获得了成功，但这仅仅是开始。

梁伯强将指甲钳做成名片的样子，在指甲钳薄片上刻上赠送人的名字、公司、职位以及联系方式，这样做既实用又有新意。不出意外，这个名片受到各大企业的喜爱，完全代替了纸质的名片。更让人惊喜的是，这个名片得到了招商银行的注意，之后双方达成合作，招商银行将名片作为礼品赠送给信用卡用户，因为"钳"的谐音是"钱"，所以，当时招商银行的广告语也变成了"招商银行送你招财钳（钱）"，这让梁伯强获得了一份 3000 万的订单，价值达到 1 亿元。

梁伯强特别的营销方式使得圣雅伦指甲钳成为知名品牌，使其在指甲钳行业位居第一，年销售量过亿。

资料来源：https://www.163.com/dy/article/EEO0CFAS05387ILS.html.

二、任务布置

创意是具有一定创造性的想法或概念，其是否具有商业价值存在不确定性。梁伯强发现的是创业机会吗？好的创业机会拥有哪些价值？

三、任务分析

（一）发展创业机会

梁伯强偶然读到《话说指甲钳》，察觉到指甲钳市场的潜在机会。他通过深入调研，发现国内外指甲钳市场定位存在差异，并决定改变产品定位，将指甲钳作为"高级美容工具"进行生产售卖。这一发现符合创业机会的特点，即能够识别出市场中的空白点或未被充分满足的需求，因此可以判断梁伯强确实发现了一个创业机会。

（二）从创业机会的特点来看

1. 吸引顾客

梁伯强通过改变产品定位，将指甲钳作为"高级美容工具"，与瑞士军刀等精品放在一起作为礼品，成功吸引了追求高品质生活的消费者。此外，他将指甲钳做成名片样式，既实用又有新意，进一步拓宽了顾客群体。

2. 在商业环境中行得通

梁伯强在决定改变产品定位前，进行了深入的市场调研，了解了国内外指甲钳市场的差异和潜在需求。他的产品定位和营销策略均基于对市场环境的准确判断，因此能够在商业环境中行得通。

3. 在机会窗口存续期内被实施

梁伯强在发现创业机会后，迅速采取行动，将指甲钳作为"高级美容工具"进行生产售卖，并不断创新营销方式，如将指甲钳做成名片样式。这些行动都在机会窗口存续期内得到实施，使得他能够抓住市场机遇，取得成功。

4. 有资源和技能才能创立业务

梁伯强拥有十多年五金制品的经验，这是他能够识别出指甲钳市场机会的重要基础。同时，他还具备市场调研、产品定位、营销策划等方面的技能和资源，这些都有助于他将创业机会转化为实际的商业成功。

资料来源：https://www.zuimoban.com/vc/chuangye/9434.html.

四、任务拓展

（一）活动形式

以 5～8 人组建小组开展活动，分别基于模仿型、识别型和创新型列举你所知道的产品创业或服务创业。

（二）活动要求

了解大学生的创业环境，知道创业机会的不同类型，熟练掌握好的创业机会的特点。

（三）活动步骤

（1）请列举身边模仿型的创业机会。

_____

_____

_____

（2）请列举身边识别型的创业机会。

_____

_____

_____

（3）请列举身边创新型的创业机会。

_____

_____

_____

（四）活动总结及讨论

讨论如何评价创业机会的价值。

_____

_____

_____

◎ 思政园地

近年来，得益于国家在创新决策、研发投入、科研组织，以及成果转化等方面的政策支持，我国企业创新主体地位日益强化，国家重点研发计划中企业参加或牵头的占比已接近 80%。据国家知识产权局最新数据，2023 年，我国企业发明专利产业化率首次超过 50%，已连续 5 年保持增长。欧盟委员会发布的《2023 年欧盟工业研发投资记分牌》显示，在全球工业企业研发投入 2500 强中，中国上榜企业数持续增长并保持第二位。在量子技术、人工智能、生物医药、新能源等前沿领域，全球首座第四代核电站商运投产、C919 大飞机实现商飞，"新三样"出口增速显著……这些突破性成果不仅彰显着我国科技企业、科研团队的创新能力和实力，也为我国在全球科技竞争中赢得了更多优势。科技发展是国家自强和民族复兴的重要支撑。科技自强是全面建设现代化国家的必由之路，只有具备强大的科技实力，才能在国际竞争中立于不败之地。因此，提升自主创新能力，加快构筑科技自强，是增强和筑牢中华民族自信的重要基础。

资料来源：https://news.cnr.cn/dj/sz/20240429/t20240429_526686034.shtml.

主题四　识别机遇——创业机会（二）

▶ 学习目标

1. 理解创业机会的来源。
2. 能够从不同角度发现创业机会。
3. 注重培养对市场洞察力的敏感性。

引导案例

做好居家养老，孝馨智慧家庭养老创业初心不改

孝馨智慧家庭养老是一家专注于提供智慧家庭养老服务的企业，其企业优势在于全面的养老服务体系和先进的智慧家居技术。创办者倪志芬认为，老年人需要的不仅是简单的生活照料，更需要的是全方位的服务保障和精神关怀。因此，该企业采用了智慧家居技术，为老年人提供更加智能化、便捷化的生活体验。老年人可以通过手机、电视等智能设备实现在线预约服务、远程监控、安全提醒等功能，极大地方便了老年人的生活。

资料来源：http://www.news.cn/politics/2023-07/05/c_1129734269.htm.

案例简评：《中国互联网络发展状况统计报告》显示，截至 2022 年 12 月，我国网民规模为 10.67 亿，互联网普及率达 75.6%。其中，60 岁及以上群体占比显著提升，达到 14.3%。面对亿万老年人的现实需求，为让老年人更好地适应并融入智慧社会，多地出台相应措施。北京市加快推进网站、APP 应用无障碍改造工作；上海市开展老年数字教育进社区行动，服务每一位有需求的老年人，让老年人享受城市智能化、数字化带来的便利；在浙江乌镇居家养老服务照料中心，有具备一键呼救的智能设备，老人跌倒后按下 SOS 按钮，工作人员就可以在乌镇互联网智慧养老服务平台实时定位到老人的位置，进行救助。智慧养老是我国积极应对人口老龄化迈出的重要一步，蕴含着巨大的创

业机会。

知识准备

对于创业者来说，拥有一个良好的创业机会，就相当于一艘在大海中航行的船只找到了正确的航线。经常听到一些想创业的人抱怨："别人机遇好，我没有机遇""要是早几年就好了，现在做什么都很难"，这都是误解，其实机会无处不在、无时不在，关键在于是否能够发现和抓住机会。创业机会的来源归纳为五个方面：问题、变化、创造发明、竞争、新知识和新技术。

一、问题

创业的根本目的是满足顾客需求，而顾客需求在没有满足前就是问题。寻找创业机会的一个重要途径是善于发现和体会自己和他人的难点、痛点，如果能提供解决办法，实际上就是找到了机会。例如，淘宝解决了人们出门购物价格高又麻烦的问题，为买卖双方提供了交易平台，减少了中间差价；滴滴打车解决了司机和顾客双向选择的问题；充电宝解决了智能手机电池续航能力差的问题。这些都是从问题出发，寻找机会的例子，都解决了人们生活中的痛点。

二、变化

创业机会产生于不断变化的市场环境，随着环境变化，市场需求、市场结构必然发生变化。管理学之父彼得·德鲁克将创业者定义为"寻找变化，并积极反应，把它当作机会充分利用起来的人"。这种变化主要来自产业结构变化、消费结构升级、城市化加速、人口观念变化、政府政策变化、人口结构变化、居民收入水平提高、全球化趋势等方面。例如，居民收入水平提高，私人轿车拥有量不断增加，派生出汽车销售、修理、配件、清洁、装潢、二手车交易、陪驾等诸多创业机会。

三、创造发明

创造发明能够提供新产品、新服务，更好地满足顾客需求，同时带来创业机会。发明创造促进了科学技术和人类文明的进步，提高了人们的生活水平，使我们享受到许多科技进步带来的好处。例如，无线充电技术的发明彻底改变了电子设备的充电方式。通过无线电波或磁场传输能量，实现对电子设备的充电，避免了传统有线充电的麻烦。这种技术不仅方便了用户的使用，还提高了充电的效率和安全性。智能手机采用了创新的触摸屏设计和多点触控技术，使手机的操作更加直观和流畅，还提供了丰富的应用程序和服务，满足了用户在通信、娱乐、工作等多方面的需求。

四、竞争

创业机会的来源之一是竞争。在激烈的市场竞争中，创业者可以通过观察和分析竞争对手的行为和策略，发现他们存在的问题和不足之处，从而找到自己的创业机会。例如，面对传统酒店业的高昂价格、标准化服务及灵活性缺失等问题，Airbnb 的创始人敏锐地发现了市场中的不足与空白。他们创新性地提出了短租模式，利用闲置房源，为旅行者提供个性化、高性价比的住宿选择，从而成功地在激烈的市场竞争中找到了自己的创业机会，并迅速成长为全球知名的住宿服务平台。

五、新知识和新技术

新知识和新技术应用可以改变人们的生活和工作方式，出现新的市场机会。例如，现在运用比较广泛的人脸识别技术，简称刷脸，这个技术被认为是正在改变世界的技术之一。围绕人脸识别技术带来很多创业机会。比如，支付宝"刷脸登录"、旅行"刷脸住酒店"、火车站"刷脸进站"、手机"刷脸解锁"等。如今人脸识别技术已经实实在在地走进了我们的生活，未来还会与更多的行业产生联系，从而挖掘出更多的创业机会。

实践应用

任务：分析创业机会来源

一、任务背景

月郎国际电子商务有限公司董事长陈怀德先生从学生时期就一直在寻找机会，期待着开创一番事业。1984 年，陈怀德跨进了深圳大学的校门。一天，他路过校园附近的照相馆时，无意中听一个同学说冲晒一张相片要价 5 角 5 分，他忽然想起在老家广州冲晒一张相片才 2 角 2 分。这其中 3 角 3 分的差价不就是商机吗？他向照相馆老板提议说："每周五我把你的胶卷带到广州去冲晒，星期天再送回冲晒好的相片，你每张只需付我 3 角 5 分就行。"老板一算账，自己不用动手，每张就能净赚 2 角，何乐而不为？二人当下达成协议。之后，陈怀德又联系了一个同学的父亲开办的冲印社，扩大业务，结果第一个月就赚了 8000 多元！

此后，陈怀德一边继续做他的"冲印倒爷"，一边留意其他商机。一天，他发现某商场批发电子表的商人开包时总要扔掉一些废品，他捡起一只回家研究，发现这些所谓废品其实大多可以修复。于是他找到对方，表示愿意买下这些废品。最终，他以每只 1 角 5 分的价格买来了 5 万只废品，然后，动员全班同学利用业余时间修表。在陈怀德的指导下，大学生们几分钟就能修好一只表。此战，陈怀德狂赚了几十万元。

1992 年，毕业不久的陈怀德先后投资创办了深圳雅仕焊丝有限公司、深圳万彩印

刷有限公司等 17 家公司。月朗国际更是在卓越的领航员陈怀德董事长的带领下，朝着
更新更高的巅峰攀登。

资料来源：https://www.docin.com/p-647743596.html.

二、任务布置

陈怀德寻找创业机会的故事对你有什么启发？

三、任务分析

　　陈怀德的创业案例，是围绕问题识别、适应变化、创新解决、竞争策略及市场趋势
洞察等多方面能力的综合展现，为创业者提供了宝贵的启示。他首先观察到深圳与广州
间冲晒相片的价格差，通过提供跨地冲印服务，实现了初步盈利，这体现了从"问题"
中发现机会的能力。随后，他又注意到电子表废品修复的市场空白，以低价收购废品并
组织同学修复，再次大获成功，这一过程展示了对"变化"的敏锐感知和"创造发明"
式的解决方案。陈怀德不仅善于识别机会，还擅长在"竞争"中寻找优势，通过提供高
性价比的服务和产品，稳固了市场地位。同时，他对市场趋势的深刻理解，对时代脉搏
的把握，为持续创业奠定了基础。

四、任务拓展

（一）活动形式

以 5～8 人组建小组开展活动。

（二）活动要求

了解大学生获取创业机会的方法，通过多种途径搜寻身边可能的创业机会。

（三）活动步骤

你发现了哪些创业机会？请根据以下几种途径思考创业机会的来源，并写下来。

（1）通过观察身边产品和服务"不尽如人意"的地方，延伸出完善产品和服务的创
业机会。

_____

_____

_____

（2）通过学习国家政策的"变化"，发现与新的红利板块相关的创业机会。

_____

_____

_____

（3）从一个新的"创造发明"产品出发，利用头脑风暴联想可能的创业机会。

_____

_____

_____

_____

（4）留意红海市场中的"细分赛道"，发现创业机会。

_____

_____

_____

（5）乘上"新知识和新技术"的东风，孵化周边元素，发现创业机会。

_____

_____

_____

_____

（四）活动总结及讨论

（1）头脑风暴，试着从"世界资源再平衡""ChatGPT""全息印刷"等理念出发，制定一个未来趋势列表。

_____

_____

_____

（2）各小组从上述列表中选择一个，进行市场机会的评估，可能包括客户细分、产品或服务设计、组织业务流程的方法等，从而发现机会空间，开发出该产品的未来世界蓝图。

_____

_____

_____

（3）小组汇报。

_____

_____

_____

◎ 思政园地

我国深入实施创新驱动发展战略，不断夯实创新驱动的政策和制度环境。《国家创新驱动发展战略纲要》《关于新时期支持科技型中小企业加快创新发展的若干政策措施》《"十四五"国家高新技术产业开发区发展规划》《企业技术创新能力提升行动方案（2022—2023 年）》等一系列政策措施相继出台，为推动科技自立自强和经济高质量发展提供了制度保障。十年来，我们不断强化国家战略科技力量，加强基础研究，加快攻克重要领域"卡脖子"技术，科技创新实力从量的积累迈向质的飞跃，在载人航天、探月探火、深海深地探测、超级计算机、卫星导航、生物医药等领域不断取得新突破，自主创新整体实力显著提升。在这样的时代背景下，当代大学生应保持敏锐的洞察力和创新精神，不断提高自己的专业素养和创新能力，勇于探索未知领域，通过不断努力和探索在今后的工作岗位上实现创新突破，为国家和社会的发展做出贡献。

资料来源：https://news.cnr.cn/dj/sz/20240302/t20240302_526614444.shtml.

主题五 识别机遇——创业机会（三）

学习目标

1. 了解影响创业机会识别的因素。
2. 掌握识别创业机会的方法并能够初步识别创业机会。
3. 能够将识别创业机会的方法运用到实践中。

引导案例

从露营徒步到围炉冰茶 "氛围感经济"解锁消费新场景

2023 年冬，围炉煮茶一经推出，便成为茶饮消费市场的新宠。如今，盛夏已至，围炉"冰"茶代替"煮"茶登场。清幽的环境、爽口的茶水，围炉冰茶在干冰制造出的雾气缭绕间，给消费者带来一抹夏日清凉。在社交平台上，不少网友在分享中用"氛围感满满""仙气飘飘"来形容围炉冰茶的体验感，精致的摆盘、唯美的照片吸引了更多潜在消费者。

在食品产业分析师朱丹蓬看来，无论是围炉煮茶，还是围炉冰茶，都是商家不断将产品进行迭代创新，以满足新生代消费者消费需求的做法。用煮茶或冰茶的方式对场景进行创新后，饮茶更具有社交属性和话题感，容易受到年轻群体的认可乃至追捧。

知萌咨询机构发布的《2023 年中国消费趋势报告》显示，2023 年，氛围怡情将是一大消费趋势，提升产品氛围力，创造出新氛围空间，成为产品升级和开辟新赛道的切入点。

资料来源：https://www.workercn.cn/papers/grrb/2023/07/03/4/news-1.html.

案例简评：随着消费者对氛围感、情绪价值和内心舒适度的追求，市场上对于能够提供这些体验的产品和服务的需求也在不断增加。这为创业者提供了开发新产品、新服务或改进现有产品以满足这些需求的机会。例如，消费者对于沉浸立体的氛围感的追求，要求商家在实体店铺、线上平台或其他消费场景中创造独特的氛围。这为创业者提供了在环境设计、场景布置、服务流程等方面进行创新的空间。氛围感经济的兴起不仅限于某一特定行业，而是涉及多个行业的交叉融合。例如，旅游业可以与文化艺术、餐饮娱乐等行业合作，共同打造具有氛围感的旅游目的地。这为创业者提供了跨行业合作的机会，通过整合不同行业的资源，为消费者提供更加丰富、独特的消费体验。

知识准备

机会是创业活动的关键要素之一，识别创业机会是创业过程中的关键。掌握影响识别机会的因素及识别创业机会的方法，有助于识别创新性强的机会，提升创业质量。机会识别是创业过程的起点，也是创业过程中的一个重要阶段。

一、影响创业机会识别的因素

影响创业机会识别的因素多种多样，这些因素共同作用于创业者的认知过程，决定了他们是否能够敏锐地发现并把握商业机会。以下是一些关键的影响因素。

（一）先前经验

在特定产业中的先前经验有助于创业者识别出商业机会，这被称为走廊原理。它是指创业者一旦创建企业，他就开始了一段旅程，在这个旅程中，通向创业机会的"走廊"将变得清晰可见。这个原理提供的见解是，某个人一旦投身于某产业创业，这个人将比那些从产业外观察的人更容易看到产业内的新机会。具有行业经验的人，会更加敏锐地识别出机会，也更容易识别出未被满足的市场。具有行业经验可以大大缩短创业的时间。具有行业经验的人创立公司，可以将他意识到的机会变得清晰。

（二）认知因素

创业者的个性特征中还存在着认知因素，也叫作创业警觉。创业警觉是指不必周密调查便可察觉事物的能力。具有创业警觉的创业者能发现别人没发现的机会。创业警觉是可以通过训练得到的一种习惯性行为。机会识别可能是一项先天技能或一种认知过程。有些人认为，创业者有"第六感"，使他们能看到别人错过的机会。多数创业者以这种观点看待自己，认为他们比别人更"警觉"。这种警觉在很大程度上是一种习得性的技能，拥有这个领域更多知识的人，比其他人对该领域的机会更警觉。

（三）社会关系网络

创业者的社会关系网络决定了创业者对机会的判断力。有更多社会关系的创业者比那些没有或较少有社会关系的创业者的创业机会识别能力更高。社会关系网络可以让创业者了解更多的商业方法，社会关系网络构成的社会联系和资源可以使创业者更自由地配置外部资源。社会关系网络能带来承载创业机会的有价值信息，个人社会关系网络的深度和广度影响着机会识别。研究表明，社会关系网络是个体识别创业机会的主要来源，与强关系（亲近的人）相比，弱关系（一般关系的人）更有助于个体识别创业机会。

（四）创造性

创造性是产生新奇或有用创意的过程。从某种程度上讲，机会识别是不断反复的创造性思维过程。新技术的出现和创新往往能够带来全新的商业模式和商业机会。创业者需要关注技术发展的动态，了解新技术在各个领域的应用前景，以便把握由技术创新带来的商业机会。创造性在创业机会识别中发挥着重要的作用。创业者需要具备创造性思维和创新精神，以便在复杂多变的市场环境中发现并利用潜在的商业机会。同时，他们还需要不断学习和提升自己的能力，以应对日益激烈的市场竞争和不断变化的市场需求。

二、识别创业机会的方法

人们可以使用多种技术和方法帮助识别创业机会，这里归纳了较为常见的三种方法。

（一）通过系统分析发现机会

绝大多数的机会都可以通过系统分析得以发现。人们可以从企业的宏观环境（政治、法律、技术、人口等）和微观环境（顾客、竞争对手、供应商等）的变化中发现机会，借助市场调研，从环境变化中发现机会，是机会发现的一般规律。

（二）通过问题分析和顾客建议发现机会

1. 通过问题分析发现机会

是指从一开始就要找出个人或组织的需求和他们所面临的问题，这些需求和问题可能很明确，也可能很含蓄。一个有效并有回报的解决方法对创业者来说是识别机会的基础。这个分析需要全面了解顾客的需求，以及可能用来满足这些需求的手段。

2. 通过顾客建议发现机会

一个新的商业机会往往源自顾客的实际需求，因为他们最清楚自己真正需要什么。顾客的反馈和建议是多种多样的，这些宝贵的信息中蕴藏着无尽的创业灵感。因此，创业者应密切关注顾客的声音，从中捕捉需求的变化与趋势，进而发掘出潜在的创业机会。

（三）通过创造获得机会

这种方法在新技术行业中最常见，它可能始于明确但不满足的市场需求，从而积极探索相应的新技术和新知识，也可能始于一项新技术发明，进而积极探索新技术的商业价值。通过创造获得机会比其他任何方式的难度都大，风险也更高。相应的，如果能够成功，其回报也更大。例如，索尼公司觉察到人们希望随身携带一个听音乐的装备，并利用公司微缩技术的核心能力从事项目研发，最终开发出划时代的产品——随身听，取得了巨大的成功。

实践应用

任务：识别创业机会

一、任务背景

年轻的李维斯听说山区发现了金矿，便立刻整理行装跑到了那个正在开发的金矿。李维斯干起活来也比别人勤快、肯吃苦，经过他的努力，很快就成为这里淘金量最大的人。可是好景不长，金矿引来了恶霸地痞的眼红，李维斯被赶出了金矿区。不过，李维斯对此并没有胆怯和退缩，反而乐观地认为也许另一个好机会在金矿外等着他呢。

这天他正在金矿附近溜达，突然，不远处有人高声喊道："不好啦，有人晕倒了！快，快拿水来！"好心的李维斯立刻捧着自己的水壶奔到晕倒的人身边。原来，当地气候干旱，高温少雨，这里又缺少足够的水源，不少人因为无水补给，造成身体虚弱。李维斯见此情景，一个绝妙的主意浮现在他的脑海中：假如从水源丰富的远一些的地方运水过来，用优惠价卖给工人，既能解决他们的饮水问题，自己又能赚一点小钱，不是一举两得的事吗？于是，李维斯利用前段时间淘金赚到的一些钱做起了饮用水的买卖，他时常赶着运水车来回跑生意。"卖水也能发财"的消息不胫而走，那些好逸恶劳的庸人自然就想抢占卖水的生意，卖水的生意又做不成了，但乐观的李维斯相信天无绝人之路。

不久，细心的他又发现了一个很好的商机。金矿工地上的工人因为劳动强度很大，不少人的衣服都磨破了，穿着破烂的衣服在烈日下暴晒，令他们痛苦不堪。如果能开发一种经久耐用、不易磨破的衣服，一定会大受欢迎吧。李维斯立刻联想到了帐篷、睡袋的制作材料，觉得用这些类似的材料做成的衣服肯定是耐磨损的。首批衣服制成后，工人的反响还不错，只是感觉太重了点、硬了点，李维斯便召集了一批人帮忙出谋划策，经过反复研究之后，他们终于制成了一种当时从未有过的新式服装，穿着轻便又耐磨损，因西部人一般俗称"牛仔"，李维斯就把这种新式服装称为"牛仔服"。他自己也成了名副其实的"牛仔大王"。

资料来源：https://www.360kuai.com/pc/9e524ae2126490e0e?cota=4&kuai_so=1&tj_url=so_rec&sign=360_57c3bbd1&refer_scene=so_1.

二、任务布置

结合影响创业机会识别的因素，阐述李维斯的个人特质和创业成功的关系。

三、任务分析

李维斯的创业故事是创业者利用先前经验、认知能力、社会关系网络和创造力捕捉机遇的典范。面对金矿工作的挑战，他凭借第一手经验深刻理解矿工需求，将问题转化为商机。他的认知能力使他能从日常观察中提炼机会，即使遭遇挫折也能积极寻求新解。与矿工建立的良好关系网络，让他更精准地把握目标客户需求。李维斯的创造性思维尤为关键，他不仅想到卖水，还发明了牛仔服，满足了工人需求并开创了新市场。金矿工作经历为李维斯提供了宝贵的经验基础，使他能够从实际中发现问题。面对困境，他展现出认知灵活性和创新思维，积极寻找解决方案。与工人的紧密联系使他更好地理解顾客需求。最重要的是，他的创造性思维不仅解决了工人的实际问题，还创造了全新的市场空间。

四、任务拓展

（一）活动形式

以 5～8 人组建小组开展活动。

（二）活动要求

了解大学生对创业机会的识别，请以"3D 打印"为例分析有哪些创业空间。

（三）活动步骤

（1）通过系统分析识别机会。

_____

_____

_____

（2）通过问题分析识别机会。

_____

_____

_____

（3）通过顾客建议识别机会。

_____

_____

_____

（四）活动总结及讨论

请讨论识别创业机会有哪些技巧。

_____

_____

_____

◎ **思政园地**

王召明大学毕业后在呼和浩特经营花店。在城市绿化需求日益增长的背景下，他决定转型为园林绿化行业，成立了园林工程公司。工作中，他发现城市园林里用的草坪大多依赖进口，养护成本极高。家乡草原上的野花野草，旱涝无常却顽强生长，于是，他萌生了把草原"搬"进城市的念头。从此，王召明和他的团队开始致力于蒙草的研究和推广。"蒙草"先后实施完成呼和浩特至包头大青山前坡 240 多公里的"山水林田湖草"示范区探索实践，呼和塔拉退化荒废草原治理，科尔沁沙地、乌拉盖退化、沙化、盐渍化草原治理以及巴彦淖尔盐碱地等一系列重大生态修复项目，总结形成一系列的国家和地方标准。通过王召明创业的故事，可以看出创业者把握创业机会需要关注市场需求和政策导向。国家的政策导向和市场需求也会对创业机会的选择和创业方向产生影响。一个政治稳定、经济繁荣的国家通常会为创业者提供更好的创业环境和更多的创业机会。同时，创业活动可以为国家的经济发展和社会进步做出贡献，从而推动国家不断进步和发展。

资料来源：http://www.nm.jcy.gov.cn/xwzx/mtbd2/202010/t20201028_2999911.shtml.

主题六　防范风险——创业风险

▶▶ 学习目标

1. 理解创业风险的内涵、类型及构成。
2. 掌握创业风险管理的方法。
3. 能够运用所学有效规避或降低创业风险。

引导案例

如何低风险创业？

很多人认为李嘉诚做生意善于冒风险，认为他从小就开始创业，做塑胶花，做房地产，做港口，而他本人却坦言一辈子从未冒过风险。他说："你看，当年我为什么做塑胶花？因为我过去就是做塑胶花的，我在塑胶花工厂里边打工，我对于塑胶花生产成本需要多少钱？能卖多少钱？渠道在哪里？怎么做宣传？大客户是谁？我非常清楚。然后我在创业的时候，我找到了相应的这些团队，我能够清楚地保证，这个塑胶花生产出来一定质量好、一定好看、一定能卖得掉。"

很多人讲李嘉诚豪赌，赌香港的房市。他却解释说不是，"我心中早就知道那些房子到底值多少钱，我在不断地判断，这么多年来，我也在观察那个物业。所以，我脑海当中的标的，早就选好了，我所有的房子，哪个房子大概多少钱的价格，是合适的，我都很清楚，我只是在等一个合适的时机出手"。后来，生意做得更大的时候，李嘉诚就开始杠铃式配置。他既做航运也做能源，能源好的时候，就赚能源的钱，能源不好，就赚航运的钱，这样两边永远都能够赚到钱。李嘉诚总结说，这一辈子做生意做下来，风险变得越来越小。

所以，对创业者而言，首要的是提高创业能力，能力提高了，抵御创业风险的能力自然也就高了。

资料来源：https://baijiahao.baidu.com/s?id=1690557134204820217&wfr=spider&for=pc.

案例简评：李嘉诚成功创业的经历告诉我们，当一个人的能力越强、掌控的资源越多的时候，他承担风险的能力自然变得越高。所谓成功的创业者，外人看来他们貌似都拥有冒险家的精神，实则他们是一步步踏踏实实积累了很多创业知识与资源，帮助他们做出的每一个判断和决策都有据可依，正是这些提高了他们抵御风险的能力。

知识准备

一、创业风险的内涵

创业风险是指在创业过程中，由于创业环境的不确定性、创业机会与创业企业的复杂性，以及创业者、创业团队与创业投资者的能力与实力的有限性，导致创业活动偏离预期目标的可能性及其后果。

（一）按风险的影响范围分类

按风险的影响范围，风险可分为系统风险与非系统风险。系统风险，也被称为市场风险或不可分散风险，是指由于多种因素（如经济、政治、社会等）的影响和变化，导致投资者风险增大，从而给投资者带来损失的可能性。系统风险带来的波动面一般都比较大，有时也表现出一定的周期性。

创业风险中的非系统风险主要指的是与整个创业环境或市场无关的风险，这些风险是由特定因素引起的，主要影响个别创业企业或项目。这些特定因素可能包括企业的管理问题、团队内部的冲突、技术难题、供应链问题等。

（二）按风险的可控程度分类

按照风险的可控程度，风险又可分为可控风险和非可控风险。可控风险是指在一定程度上可以预测、控制或部分控制的风险。这些风险通常与创业企业的内部管理、运营决策和资源配置等因素密切相关。非可控风险是创业者或创业企业无法左右或控制的风险。这些风险通常源于外部环境的变化和不确定性，如自然因素、政策因素、市场因素等。自然因素如地震、洪水等自然灾害，创业者无法预测，也无法避免其发生。

（三）按风险在创业过程中的出现环节分类

按照风险在创业过程中的出现环节，风险可以分为机会的识别与评估风险、团队组建风险、确定并获取创业资源风险、准备与撰写创业计划风险和创业企业管理风险。创业过程中的风险是来自多方面的，需要创业者在不同阶段均保持警惕并采取相应措施进行防范和应对。通过加强市场研究、优化团队结构、合理配置资源、完善创业计划，以及提升企业管理水平等方式，创业者可以有效地降低风险，提高创业成功率。

（四）按风险内容的表现形式分类

按照风险内容的表现形式，可以将风险分为机会选择风险、环境风险、人力资源风险、技术风险、市场风险、管理风险等。在创业过程中，创业者需要全面考虑各种风险类型，并采取相应的措施进行防范和应对。通过加强市场研究、优化团队结构、提升技术能力、完善管理制度等方式，创业者可以有效地降低风险，提高创业成功率。

二、风险构成

一般来说，风险由风险因素、风险事件和风险损失三部分构成。

（1）风险因素是那些能够引起或增加风险事件发生机会或影响损失严重程度的因素，是风险事件发生的潜在条件，一般又称为风险条件。

（2）风险事件是导致创业风险的可能性变成现实，以致引起损失后果的事件。风险事件是风险因素综合作用的结果，是产生风险损失的原因，也是风险损失产生的媒介物。

（3）风险损失则是指由于风险事件的出现给创业者或创业企业带来的能够用货币计量的经济损失。风险损失是指非故意的、非预期的、非计划的利益减少，这种减少可以用货币来衡量。

三、风险管理

风险管理具体包括风险的识别、评估和应对。

（1）风险识别就是创业人员对创业过程中可能发生的风险进行感知和预测的过程。

（2）风险评估包括风险估计和风险评价。

①风险估计是通过对所有不确定性和风险要素的充分、系统而有条理的考虑，确定创业过程中各种风险发生的可能性以及发生之后的损失程度。

②风险评价是针对风险估计的结果，应用各种风险评价技术来判定风险影响大小、危害程度高低的过程。

（3）风险应对是创业者在风险评估的基础上，选择最佳的风险管理技术，采取及时有效的方法进行防范和控制，用最经济合理的方法来综合处理风险，以实现最大安全保障的一种科学管理办法。

实践应用

任务：掌握创业风险管理的途径

一、任务背景

当前，在大学生群体中出现了创业风潮，部分学生选择了农业领域。如同大多数创业活动一样，在农业领域创业既充满着机遇，也面临着诸多的风险。大学生涉农创业的风险类型主要呈现不确定性、渐进性、相对性、多样性、可变性、可测性。针对这些特点，可以在大学生涉农创业之初对其项目进行充分的评估，做好风险管理的预备工作。

二、任务布置

请查阅农业领域的相关资料，针对大学生涉农相关项目进行项目风险分析。

三、任务分析

（一）大学生涉农创业风险的类型

1. 项目选择风险

初出茅庐的大学生虽然具备较高的理论水平，但对市场的认知是不充分的。因此，在创业初期，容易出现无法正确预判市场、创业项目选择不当等问题，造成后期的经营风险，导致创业活动的失败。再加上涉农创业本身具有一定的特殊性，农业资源价格受到市场的影响剧烈，因此，大学生创业往往存在项目选择风险。

2. 自身能力缺乏

许多大学生进行创业都是属于一时的"头脑发热"，或者是碍于就业压力等情况，这种缺乏长期规划、冲动的创业行为往往会无限放大创业的风险。一些大学生创业者本身理论知识缺乏，经验不足，再加上心态不端正，创业时眼高手低，对创业产生极为不利的影响，增加了创业风险。尤其是涉农创业，部分创业者需要进入偏远农村，许多学生从城市出来，不适应农村生活，再加上不能吃苦，会导致创业活动的失败。创业者本人的能力不足是导致创业活动失败的一个主要风险因素。

3. 环境风险

处于市场经济中的一环，创业不免会受到市场波动的影响，既会受到市场环境的作用，也会受到政策的影响，这些不稳定因素会给大学生的创业活动带来许多风险，尤其是在大学生涉农创业的中后期，这种影响尤其突出。另外，涉农创业对于自然环境的依赖性极大，大部分涉农创业都会直接受到气候环境的影响，如果出现较为剧烈的气候变化，就会给农业项目带来致命的打击。最后，国家政策、乡镇政策也会给涉农创业带来极大的影响，这种来自政治的风险因素具有较大的不可预测性，增加了大学生创业的风险性。

4. 资源风险

在现代社会，社会资源与获得成功有着密切的联系。事实证明，社会资源越广泛，创业获得成功的可能性越大。因为无论是企业还是个人，在创业过程中，都必须加强与相关行业的沟通和联系，如政府、供应商、社会团体、销售商、技术人员等。要想取得成功，就必须充分调动周围的社会资源。然而，在实际操作过程中，由于大学生社会资源匮乏，虽然有学校和政府部门的一些优惠政策，但对于创业初期甚至是持续经营，都是远远不够的。所以，在大学生参与涉农创业时，难免在很多环节遇到各种难题，如工商税务、市场营销、宣传广告等。很多大学生在遇到这些困难时一筹莫展，甚至无所适从，并为此耗费大量的精力、物力和财力，最终不得不怀着受挫后的复杂心情中途放弃。

5. 财务风险

大学生才走出"象牙塔"，创业资金大多源于父母，或者是少量的银行贷款和政策性补贴。但是创业所要求的资金量较大，尤其是在涉农创业活动中，需要有相当的资金实力。财务风险作为大学生涉农创业中最为突出的风险因素，在整个创业活动中一直存在，整个创业的初期、中期，以及后期实际经营中都存在财务风险。这就要求创业者要对资金有良好的规划，并扩宽融资渠道，以减少风险。

（二）大学生涉农创业风险的评估步骤

1. 明确风险识别的目标和对象

通过项目的资金投入量、收益率和预期目标来衡量涉农创业项目的预期效果，明确风险识别的目标和对象。涉农创业风险识别要贯穿涉农创业的全过程，对项目的不利影响因素及由此产生的项目风险目标保持警惕，做到提前识别。

2. 信息数据的收集和处理

涉农创业中相关数据的搜集以及相关资料信息的准备不足往往是导致风险发生的原因，因此，收集和处理各种信息数据是非常重要的。在项目计划时，需要深入了解农业创业项目，另外，需要梳理市场环境、相关政策。信息在涉农创业中非常关键，只有精确地掌握市场行情、数据信息，才能保证风险评估的准确性。

3. 识别和分析风险

在识别涉农创业项目风险以后，创业者还需要根据项目管理经验和风险致因理论进行深入的探讨调查，并查找风险源，进而建模分析此种风险最终导致的结果。风险识别和分析不仅有利于风险评估，还能够帮助制定风险措施，从而有效地应对风险。

4. 整理风险识别结果和报告

在分析整个涉农创业项目之后，归纳整理所有可能导致风险的因素，制作项目风险识别报告。项目风险识别报告主要包括风险识别清单、风险分析及可能发生的损失风险等。根据项目风险识别报告来评估创业项目，综合审视涉农项目，最终确定创业的方向和创业的目标。

四、任务拓展

（一）活动形式

以 5～8 人组建小组开展活动。

（二）活动要求

各组结合自己的创业项目，具体分析创业初期可能面对的风险有哪些以及如何有效规避。

（三）活动步骤

1. 梳理各类风险

风险类型	风险 1	风险 2	……
项目选择风险			
自身能力风险			
环境风险			
资源风险			
财务风险			
其他风险			

2. 风险评估

风险评估步骤	
明确风险识别的目标和对象	
信息数据的收集和处理	
识别和分析风险	
整理风险识别结果和报告	

（四）活动总结及讨论

结合本组创业项目，在梳理创业风险类型及管理办法的基础上，形成一份可行性风险评估报告。

◎ **思政园地**

诚信经营不仅能够降低创业风险，还能够提升企业的声誉和竞争力，为企业的长期发展奠定坚实基础。诚信经营有助于降低创业过程中的资金风险。在寻求外部融资时，投资者往往会更加倾向于那些具有良好诚信记录的企业。因为具有良好诚信记录的企业更有可能按照承诺使用资金，实现预期收益，从而保障投资者的利益。诚信经营有助于降低市场风险。在市场竞争日益激烈的今天，消费者更加注重企业的信誉和口碑。诚信经营的企业能够赢得消费者的信任，提升品牌形象，从而吸引更多的潜在客户。同时，诚信经营的企业还能够与供应商、合作伙伴等建立良好的合作关系，实现资源共享和互利共赢，进一步降低市场风险。创业者应重视诚信经营，树立良好的企业形象和口碑，为企业的长期发展奠定坚实基础。

资料来源：根据公开资料整理。

模块 ❻

尝试创业路

【背景描述】

　　创业之路布满荆棘，对于初入社会的大学生而言更是如此，单凭满腔热血与无所畏惧的勇气，并不能为我们开启创业之门。创业是一个系统工程，涉及领导者素质、团队组建、资源整合、风险管理等方方面面的内容。大学生创业者在创业之初必须做好充分的准备，理智创业。本模块围绕创业路上的常见问题，从创业者、创业团队、创业资源、创业融资四个方面带领同学们全面提升创业能力。

主题一　提升素养——创业者素质

▶▶ 学习目标

1. 理解创业者应该具备的关键素质。
2. 了解创业者素质的重要性。
3. 能够运用所学方法提升自己的创业者素质。

引导案例

贫困大学生的逆袭创业路

　　石豪杰是义乌工商学院第一届淘宝创业班的一名学生，他在高考结束第二天就来到了浙江。身无分文的他，最初两天靠慈善机构接济，第三天开始住火车站，同时给淘宝卖家打工。大二结束时，他已经拥有3家实体公司，5款属于自己的专利产品，在中国供应商线上外贸平台年销售额达数千万元。之后，他有了自己的工厂和更多的专利产品，其中包括护目镜和防护面罩。2020年疫情期间，仅护目镜一款产品一周的销量就超过了以往全年的销量，防护面罩的销量更为可观，各个国家争相抢购。他的企业被浙江省政府相关职能部门确定为卫生防疫产品指定出口企业。

　　石豪杰电商创业成功，要说有绝招那就是把产品做到了极致。好运的背后是专注于做好产品的坚持。一是不计较一时之得失，着眼于长远发展。在电商创业刚入门还没有摆脱贫困时，他就从代销转到产品自主研发。二是沉得住气，吃得起眼前亏。产品开发、专利申请、品牌塑造，既需要时间又需要成本。只有投入不见产出，如无强大定力，必定半途而废。三是一丝不苟，死抠细节。不赶时髦，不跟风，更不图虚名，做到有所为有所不为。凡与主业无关的人和事，他都可以做到听而不闻、视而不见。

资料来源：https://mp.weixin.qq.com/s/HjnyxJuJBLfR5Vr6e1z5PQ.

案例简评：石豪杰优秀的创业者素质与家风息息相关。石豪杰出身贫寒，母亲早逝，苦难的经历让他变得早熟。家境稍有好转，其父随即主动放弃了低保待遇。2020年武汉疫情初期，他主动捐献护目镜帮助湖北省各大医院解决燃眉之急。复工复产期间，为确保机场工作人员和乘客安全，他多批次向杭州机场捐赠护目镜和防护面罩。2021年河北疫情，他又第一时间捐赠价值超 20 万元的防护面罩，并安排专车直接送达石家庄。石豪杰的创业者素质与家风、个人经历和价值观念密切相关。他的坚韧不拔、自律、社会责任感、家国情怀、商业洞察力、领导力、团队协作能力、持续学习和创新精神等品质共同构成了他作为一名优秀创业者的独特魅力。这些素质使他不仅在创业道路上取得了成功，也为社会做出了积极的贡献。

知识准备

一、创业者的内涵

创业者一词由法国经济学家康帝隆（Cantillon）于 1755 年首次引入经济学。1800年，法国经济学家萨伊（Say）首次给出了创业者的定义，他将创业者描述为将经济资源从生产率较低的区域转移到生产率较高区域的人，并认为创业者是经济活动过程中的代理人。著名经济学家熊彼特（1934）则认为创业者应为创新者。这样，创业者概念中又加了一条，即具有发现和引入新的、更好的、能赚钱的产品、服务和过程的能力。创业者是指某个人发现某种信息、资源、机会或掌握某种技术，利用或借用相应的平台或载体，将其发现的信息、资源、机会或掌握的技术，以一定的方式，转化、创造成更多的财富、价值，并实现某种追求或目标的过程的人。

二、创业者应具备的关键素质

（一）强烈的创业意识

创业者要有强烈的创业意识，克服创业道路上的各种艰难险阻，将创业目标作为自己人生的奋斗目标。创业者需要清晰地定义自己的创业目标。具体、可衡量和可实现的目标能够激发创业者的热情和动力。

（二）非凡的战略眼光

非凡的战略眼光是创业者成功不可或缺的一项关键能力。这种眼光能够帮助创业者清晰地看到企业未来的发展方向，并在复杂多变的市场环境中做出明智的决策，确保企业能够持续稳健地前行。创业者要把握自己的道路，不受环境和舆论的影响，设计和规划企业的方向和未来。

（三）强健的身体素质

强健的身体素质是创业者成功的重要保障之一。创业初期，受人力、物力、财力等诸多因素的限制，多数工作须由创业者亲自完成，加之工作时间长，风险与压力并存，创业者充沛的体力和旺盛的精力显得尤为必要。

（四）良好的心理素质

创业之路充满艰险与曲折，需要创业者具有较强的心理调控能力，始终保持一种积极、沉稳、自信、自主、刚强、坚毅、果敢的心态，即拥有良好的创业心理品质。

（五）全面的知识储备

具体而言，创业者应该熟练掌握以下几个方面的知识：
（1）相关政策和法律法规；
（2）经营知识和管理手段；
（3）创新科技和信息化技术；
（4）财经知识等。

（六）诚信的人格品质

诚信是创业者必备的品质，体现了成功创业者的人格魅力。诚信是企业的立足之本、发展源泉。作为创业者，若没有诚信的品德和素质，将很难赢得合作伙伴和客户的信任。

三、创业者素质的重要性

创业者素质对于创业成功至关重要，它不仅影响创业者的个人表现，还关系到创业团队的凝聚力、企业的文化和发展方向，以及应对挑战和风险的能力。提升创业者素质，是确保创业成功的重要途径。

首先，创业者素质决定了创业者的决策质量和创新能力。在复杂多变的商业环境中，创业者需要迅速捕捉市场机会，做出明智的决策。同时，他们还需要具备创新能力，能够提出并实施新颖的解决方案，以满足客户需求并提升竞争力。一个具备良好素质的创业者，往往能够带领团队在市场中脱颖而出。

其次，创业者素质对创业团队的凝聚力和执行力具有重要影响。创业者作为团队的领导者和核心成员，其素质的高低直接关系到团队的士气和合作效果。一个具备领导力、沟通能力和团队协作能力的创业者，能够激发团队成员的潜力，形成高效的团队氛围，从而推动创业项目的顺利进行。

最后，创业者素质也是应对创业过程中各种挑战和风险的重要保障。创业过程中充满了不确定性和风险，需要创业者具备强大的心理承受能力、自我驱动力和自我管理能力。只有具备这些素质的创业者，才能在困难和挫折面前坚持不懈，最终取得创业的成功。

实践应用

任务：做好创业者的准备

一、任务背景

　　纵观各行各业创业成功的案例，深入分析后，不难发现，一个创业项目的成功从来离不开创业者自身优秀的素质与能力。成功的企业家本身也是多种多样的，并不能拿一个统一的素质模型来覆盖，不同禀赋的创业者均可以成为成功的企业家。时代的不同，企业类型的不同，从事领域的不同，决定了对企业家的素质要求也不同。

　　"唯有惶者才能生存"，这是任正非多年来常挂在嘴边的一句话。当华为一路高歌猛进时，任正非却在《华为的冬天》一书中坦言："10 年来，我天天思考的都是失败，对成功视而不见，也没有什么荣誉感、自豪感，而是危机感。失败这一天一定会到来，大家要准备迎接，这是我从不动摇的看法，这是历史规律。"任正非的这种危机意识，后来成为华为不断创新的一种驱动力，也让华为在被美国巨头企业围猎时，硬生生把冬天缩短，提前进入了春天。

　　雷军在创办小米之前曾是金山的 CEO，是业内出名的劳模，更被认为是"IT 界最勤劳的 CEO"。他坚持不懈地刻苦钻研技术，为后面他创办小米打下了坚实的技术基础。"站在台风口，猪都能飞起来""任何时候都要顺势而为，不要逆势而动"，这些话是雷军对小米高速成长秘密的注解。正是因为雷军在创业初期看到了时代的台风口，即使过程艰辛，但他从来没有想过退缩，他坚信，小米公司会很有前景，因为它给到了一个台风口，这个台风口就是智能手机的兴起。

二、任务布置

　　分析上述创业成功的案例，成为一位成功的创业者应做好哪些准备？如何提升创业者应具备的素质？

三、任务分析

　　创业者的素质在创业成功的道路上起着至关重要的作用。这些素质不仅决定了创业者是否能够应对创业过程中的各种挑战，还影响了创业企业的成长速度和稳定性。不断提升创业者应具备的素质，应注意以下几点。

　　（1）创业者需要具备强大的学习能力，以不断适应市场的变化和满足客户的需求。通过阅读书籍、参加培训、交流学习等方式，不断提升自己的知识和技能。

　　（2）创新是创业的核心竞争力。任正非和雷军都强调创新的重要性。任正非带领华为在研发领域持续投入，鼓励员工进行创新尝试，使华为在技术领域始终保持领先地位。雷军也坚持创新的思路，认为只有通过创新才能在市场中占据竞争优势。创业者要勇于尝试新的商业模式、产品或服务，以满足市场的不断变化和客户需求。

（3）创业者需要具备领导能力，能够带领团队朝着共同的目标前进。这包括制订明确的战略和计划、激励团队成员、解决冲突等。提升领导力需要在明确愿景和目标、建立信任、提升沟通技巧、培养团队精神、做出明智的决策、勇于承担责任等方面不断提升和修炼。

（4）任正非和雷军在创业过程中均面临了众多挑战和困难。他们之所以能够成功，关键在于积极应对挑战，不断寻找解决问题的方法。通过锻炼身体、学习情绪管理技巧等方式，增强自己的抗压能力。

（5）创业者需要具备良好的诚信品质，注意只有严格遵守法律法规和商业道德，才能赢得客户和合作伙伴的信任和支持。

四、任务拓展

（一）活动形式

以 5～8 人组建小组开展活动。

（二）活动要求

深刻理解创业者应该具备的素质与能力，检查自己是否做好了创业的准备。

（三）活动步骤

1. 测试一：创业者基本条件

想知道你是否拥有创业的倾向和意愿吗？完成下面的测试，对自己有个更深的认识。回答"是"得 1 分，"否"得 0 分。

（1）你的父母、近亲、好朋友中有没有创业成功的人？

（2）在你成长的过程中，你家里有没有做买卖的经历或经验？

（3）你小的时候有没有自食其力，如靠打工、摆摊赚钱的经历？

（4）你在学校的成绩是不是并不太出色？

（5）你在学校里是不是并不太合群？

（6）你是否在学校因行为不合规范常挨批评？

（7）你是否会对长期做同一工作感到乏味？

（8）你是否以为如果有机会，你会比你的上司干得好？

（9）你是否宁愿自己打球胜过看球？

（10）你看书是否对非小说类的比小说类更感兴趣？

（11）你有没有被解雇或被迫辞职的经历？

（12）你是否倾向于说干就干，而不是再三盘算计划后再做？

（13）你有没有常为工作或个人问题而失眠？

（14）你是否认为自己是个有决断力、较实际的人？

（15）你对集体活动是否积极参加？

计算结果：_____

结果分析：

如果你的分数是 12 分或以上，但你现在还没有创业，那么，你的创业倾向是不明显的；如果你的分数低于 12 分，而你已创立了自己的事业，那么，你的创业倾向是很明显的。

2. 测试二：创业者性格测试

创业是一个充满成就感和诱惑力的词语，但并非每一个人都适合走这条路。美国创业协会设计出了一份试卷，假如你想对自己多一分了解，试着回答下面的问题。

计分：选 A 得 4 分，选 B 得 3 分，选 C 得 2 分，选 D 得 1 分。

（1）在急需作出决策的时候，你是否在想，再让我考虑一下吧？

     A. 经常   B. 有时   C. 很少   D. 从来不

（2）你是否为自己的优柔寡断找借口说，是得慎重考虑，怎能轻易下结论呢？

     A. 经常   B. 有时   C. 很少   D. 从来不

（3）你是否为避免冒犯某个或某几个有相当实力的客户而有意回避一些关键性的问题，甚至表现得曲意奉承呢？

     A. 经常   B. 有时   C. 很少   D. 从来不

（4）你是否无论遇到什么紧急任务，都先处理掉你自己的日常琐碎事务呢？

     A. 经常   B. 有时   C. 很少   D. 从来不

（5）你非得在巨大的压力下才肯承担重任？

     A. 经常   B. 有时   C. 很少   D. 从来不

（6）你是否无力抵御或预防妨碍你完成重要任务的干扰和危机？

     A. 经常   B. 有时   C. 很少   D. 从来不

（7）你在决定重要的行动和计划时，常忽视其后果吗？

     A. 经常   B. 有时   C. 很少   D. 从来不

（8）当你需要作出很可能不得人心的决策时，是否找借口逃避而不敢面对？

     A. 经常   B. 有时   C. 很少   D. 从来不

（9）你是否总是在晚上才发现有要紧的事没办？

     A. 经常   B. 有时   C. 很少   D. 从来不

（10）你是否因不愿承担艰苦任务而寻求各种借口？

     A. 经常   B. 有时   C. 很少   D. 从来不

（11）你是否常来不及躲避或预防困难情形的发生？

     A. 经常   B. 有时   C. 很少   D. 从来不

（12）你总是拐弯抹角地宣布可能得罪他人的决定？

     A. 经常   B. 有时   C. 很少   D. 从来不

（13）你喜欢让别人替你做你自己不愿做而又不得不做的事吗？

     A. 经常   B. 有时   C. 很少   D. 从来不

计算总和：_____

结果分析：

50 分及以上：说明你的个人素质与创业者相去甚远。

40～49 分：说明你不算勤勉，应彻底改变拖沓、低效率的缺点，否则创业只是一句空话。

30～39 分：说明你在大多数情形下充满自信，但有时犹豫不决。不过没关系，有时候犹豫也是一种成熟、稳重和深思熟虑的表现。

15～29 分：说明你是一个高效率的决策者和管理者，更是一个成功的创业者，你还在等什么呢？

3. 测试三：创业者素质测试

想知道自己是否已经具备创业者应有的素质，是否已经做好了创业准备？完成下列测试，看看自己的优势与不足。

下列问题，如果完全不懂得 1 分，如果了解得非常清楚得 5 分。

（1）你知道哪些力量在影响着市场经济吗？具体地说，你对经济指标有多少了解？（1，2，3，4，5）

（2）你做计划和预算的能力怎样？（1，2，3，4，5）

（3）你对财务管理及控制有何了解？（1，2，3，4，5）

（4）你是否能亲自进行日常管理工作？（1，2，3，4，5）

（5）你对进货和存货控制的了解程度如何？（1，2，3，4，5）

（6）你对市场分析、预测是否在行？（1，2，3，4，5）

（7）你认为自己对市场需要哪些产品（或服务）有没有敏锐的感觉？（1，2，3，4，5）

（8）你对促销术、广告巡视类的了解怎样？（1，2，3，4，5）

（9）你对与员工建立良好互助关系有没有把握？（1，2，3，4，5）

（10）你对定价有多少把握？这需要对客户需求、进料价格、竞争状况有较全面的考虑。（1，2，3，4，5）

计算总和：_____

结果分析：

45 分及以上：你已有充分准备，可以放手一搏。

35～44 分：你可以尝试一下，并就薄弱环节尽快补课。

34 分以下：或许你最好再加一把力，例如找一些书籍自学，针对自己的不足，在他人公司里工作一段时间；或去修一些课程，包括系统地向个人请教。

资料来源：https://max.book118.com/html/2018/0928/7065141030001151.shtm.

（四）活动总结及讨论

（1）以上测试可以帮助大家从侧面客观认识自己当前的素质与能力。但人是发展变化的，如果你仍然拥有极高的创业热情，那就参考测试结果，向着优秀创业者应该具备的素质好好努力。

（2）将你的测试结果与小组成员进行分享，听听大家的建议。

◎ **思政园地**

创业者在创业过程中可以发挥自身潜能，实现事业成功和财富积累，从而实现自我价值的最大化。创业不仅是经济活动，更是一种追求个人成就、实现梦想的方式。通过学习和培养创业者素质，个体可以更好地认识自己，挖掘自己的潜力，实现自我价值的提升。加强创业素质的培养有助于造就一大批创业型人才，为社会带来更多的创新和变革。创业者是推动社会进步和经济发展的重要力量，他们通过开创新的产品和服务、推动市场竞争、促进资源的有效配置，从而为社会创造更多的价值。

资料来源：根据公开资料整理。

主题二　打造团队——创业团队

▶ 学习目标

1. 了解创业团队的内涵与主要特点。
2. 掌握组建创业团队的关键要素。
3. 能够运用所学组建结构合理的创业团队。

引导案例

"我是你的耳，你是我的腿"

——"90"后残疾人团队的创业故事

"一起走吧"公司的创始人之一杨添财在 6 岁那年患上了肌肉萎缩症，渐渐不能走路，医生曾说他活不过 18 岁；另一位创始人吴云因为听力障碍，求职困难。2015 年，两个曾经有些自闭的年轻人互相认识，人生轨迹也随之改变。

依托前期销售水果的经验和资源，两人于 2018 年成立水果销售公司，入驻成都市蒲江县的电商孵化园。杨添财和吴云有个共识："卖出的每一个水果，不是钱，而是证明着我们的价值。"公司成立后，两个人系统学习了三个月电商运营，也开始意识到品牌的重要性。"我们都是残疾人，由于我行动不便，出行都是吴云照顾我，吴云听力不好，与别人交谈都是由我传达给他，我们互为对方的腿和耳朵。"杨添财说。2018 年 9 月，"一起走吧"的水果在电商平台"拼多多"上线。出乎意料，仅仅四个月，其在"拼多多"的销售额就超过 3500 万元，线上线下总体销售额突破 4000 万元。

在"一起走吧"团队中，还有另外几位残疾人。陈光祥因为从工地高架上摔下来，双腿截肢；周苗因为车祸，腰部以下失去知觉。现在，他们都在家从事客服工作，月薪3000 多元。公司成立以来，截至 2019 年共培训了 20 多名残疾人，并帮助他们在电商行业就业。

资料来源：https://www.gov.cn/xinwen/2016-06/22/content_5084394.htm。

案例简评："一起走吧"团队创业成功的启示有三。第一，创业初衷决定终点，将人生梦想与感恩回馈社会相连，总能帮助创业者走得更远。第二，创业要找最熟悉的而且足够大的市场。第三，创业团队必须是互补的，能够充分发挥各自的优势。

知识准备

一、创业团队的内涵

团队，是指由一群有着共同目标、有着分工而又协同的人形成的战斗团体。

创业团队，是指在创业初期（包括企业成立前和成立早期），由一群才能互补、责任共担、愿为共同的创业目标而奋斗的人所组成的特殊群体，一般由两个或两个以上的人组成，也可称之为利益共同体。

二、创业团队的主要特点

（一）共同的创业理念

团队成员之间拥有共同的价值观和创业愿景，对创业目标有着一致的理解和追求。共同的创业理念能够激发团队成员的激情和动力，使他们在面对困难和挑战时能够保持一致的步调和行动，还有助于团队成员之间的沟通和协作，减少分歧和冲突，提高团队的整体效能。

（二）团队构成的异质性

创业团队通常由来自不同背景、专业领域和职能领域的成员组成，这种异质性使得团队具备更宽广的视角和更丰富的资源。团队成员之间的异质性有助于互补彼此的优势和不足，提供更全面的解决方案和更高效的执行力。同时，还能够带来不同的思维方式和创新观点，有助于激发团队的创造力和创新能力。

（三）合理的利益分配机制

合理的利益分配机制是确保创业团队稳定和持续发展的关键因素之一。在创业过程中，团队成员需要共同努力并共同承担风险，因此，他们应该享有相应的收益和回报。合理的利益分配机制应该根据团队成员的贡献、能力和投入进行分配，以确保团队成员之间的公平和激励。此外，利益分配机制还应该考虑到团队的长远发展和持续竞争力，避免短期利益对团队造成的影响。

三、创业团队形成的关键要素

（一）目标

创业团队应该有一个既定的共同目标，为团队成员导航。明确的目标是创业团队成立的基础。同时，团队目标只有与成员个人目标保持一致，才会被成员认同和接受。目标在创业企业的管理中以企业的愿景、战略的形成体现。

（二）人员

人员是构成创业团队最核心的力量，是创业成功的关键因素。团队应该充分调动创业者的各种资源和能力，将人力资源进一步转化为人力资本。

（三）定位

创业团队的定位包括团队本身定位和成员个体定位，而成员个体定位必须以团队本身定位为基础。

（四）职权分配

合理的职权分配是团队成功的必备条件。创业团队中领导者的权力大小与其团队的发展阶段和创业实体所在行业相关。一般来说，在发展的初期阶段，领导权相对比较集中，创业团队越成熟，领导者所拥有的权力越小。

（五）计划

准确详细的计划既是创业成功的前提，也是创业目标实现的保障。计划的预见性和可行性可以帮助创业团队科学决策和提高执行力。

实践应用

任务：掌握组建创业团队的关键要素

一、任务背景

"新东方"创始之初，团队由三个人组成，也就是被称为"三驾马车"的俞敏洪、徐小平和王强。

三个人能组建团队走到一起共同创办新东方，一方面是基于共同的创业理念：投身教育培训行业，追求自己掌控未来的自由和高成就感。正是这种理念帮助三人建立了心理契约。

另一方面，在所学专业、工作经历和个性特点上的异质性也是促使三人走到一起的关键因素。俞敏洪是英语培训教师，激情而坚忍。徐小平是移民咨询顾问，感性而善谋划。王强是软件工程师，理性而思维缜密。三个人不同的工作经历和特点使他们具有知识互补性，帮助团队做出了许多正确的决策，有力推动了新东方的发展。

此外，在初创时，俞敏洪在新东方建立的"包产到户"利益分配模式，也极大地调动了公司成员的积极性和热情，促使新东方业务得以迅速拓展。

二、任务布置

（1）新东方创业成功的故事说明了什么道理？

（2）你认为创业团队在新东方成功的历程中起了什么样的作用？

三、任务分析

新东方教育集团创业成功与其背后的创业团队合作是分不开的。

没有称职优秀的团队合作核心人物，不可能形成优秀的团队合作；而没有优秀的团队合作，公司不可能具备良好的执行力；连执行力都没有的公司，无法形成强有力的企业文化，更无法形成有效的组织结构和组织能力。这种无法分割的链接关系，这种充满内在逻辑性的依存关系，既告诉了我们团队合作的重要性，也告诉我们不是每个企业或每个人都可以轻松地拥有一个优秀的团队。

新东方的创业目标，就是为了打造中国第一教育品牌，明确的目标让出身教师的王强和徐小平看到了施展抱负的机会。所以，俞敏洪找到两人时，三人一拍即合。

新东方最初采用培训联盟的组织形式，每位成员各自管理一个领域，后来进行新东方股份制改造，成员定位也做出相应调整，不仅直接导致收入缩水，管理权也受到限制，那些无法调整定位的成员就只能选择离开。

在新东方团队中，俞敏洪担任校长，业务上负责出国英语培训；王强担任副校长，业务上负责教研与口语训练；徐小平担任副校长，业务上负责出国咨询和企业文化建设。每个人都全权处理各自负责的领域，这种职权分配让新东方在多个业务领域得到规模化发展。

四、任务拓展

（一）活动形式

以 5～8 人组建小组开展活动。

（二）活动要求

各组结合自己的创业项目，分析团队成员中每个人的特点，分别从目标、成员、定位、职权分配、计划等五个方面对创业项目做出规划。

（三）活动步骤

（1）目标分析：

_____

_____

_____

（2）成员分析

团队成员	专业背景	专长优势
张三		
李四		
……		
……		
……		

（3）定位分析：

团队整体定位	成员个体定位				
	张三	李四	……	……	……

（4）职权分配：

团队成员	职务	分管业务领域
张三		
李四		
……		
……		
……		

（5）计划分析：

_____

_____

_____

（四）活动总结及讨论

通过上述分析，请大家分别找出各自创业团队的优势以及存在的不足，并制订下一步加强团队建设的计划。

_____

_____

_____

◎ **思政园地**

华为作为中国知名的科技公司，其成功背后离不开其强大的团队合作精神。不仅体现了团队的执行力，更彰显了他们在面对困难和挑战时的拼搏精神。他们拥有明确且共同的目标，即推动公司在全球科技领域的领先地位。这种共同的目标感使得团队成员能够紧密团结在一起，共同为公司的愿景而努力。在面对技术难题和市场挑战时，团队成员能够齐心协力，迎难而上，通过持续的沟通和协作，不断寻找解决方案，最终取得了许多重要的科研成果和商业成功。在华为，成员之间建立了深厚的信任和相互支持的关系。这种关系使得团队成员能够放心地将任务交给彼此，共同推动项目的顺利进行。

资料来源：https://www.fromgeek.com/news/15609.html.

主题三　整合资源——创业资源

▶▶ 学习目标

1. 理解创业资源获取与整合的内涵。
2. 掌握获取与整合创业资源的方法与途径。
3. 树立整合资源的创业意识。

引导案例

巧借资源，开启创业路

范蠡是春秋时期一位传奇的商人，被当代尊为商圣。事实上范蠡最开始也是一穷二白，那他是如何白手起家赚到第一桶金的呢？

范蠡早年很落魄，为了维持生计就做了点买卖。有一次他发现南方经常打仗，战马的需求量很大。当时北方盛产战马而且价格便宜，如果能把战马贩卖到南方，肯定可以大赚一笔。不过由于当时的战局混乱，在运马的路上土匪很多，风险极大，那怎么做才能破解这一难题呢？范蠡四处打听和调查，他发现北方有一个叫姜子盾的商人，他常年贩运布匹到南方的吴越，由于他早就花了很多钱买通了沿路的土匪，因此，他的队伍总是一路畅通无阻。范蠡就琢磨着如何能利用姜子盾的资源，于是他想到了一个方案，他写了一个告示贴在了姜子盾所在城的城门口。上面的内容是：我范蠡，新建马队，开业酬宾，免费送货。姜子盾看到这个告示以后，觉得可以占便宜，于是找到了范蠡要求他运送布匹。就这样，范蠡带着战马和布匹一起上了路，一路上没有什么阻碍顺利地到达了南方，卖了战马大赚一笔，收获了人生的第一桶金。

资料来源：https://zhuanlan.zhihu.com/p/502802240.

案例简评：范蠡的故事教给我们一个关键词叫"借力资源"，范蠡贩卖战马的方案缺了一个无风险过路的资源，他找到了这个资源的拥有者姜子盾，巧妙地设计了一个免费送货的交易模式，获得了这个资源。因此，正确识别自己的资源能力，发现别人的资源能力，设计好的交易方式实现共赢，那么，创业之路就会更加顺利。

知识准备

一、创业资源的获取

创业资源的获取是新创企业的关键活动，是创业者在确认并识别资源的基础上，得到所需的资源并使之为创业产品服务的过程。

创业资源获取的途径主要有两种：一是市场途径，二是非市场途径。

（一）市场途径

市场途径获取资源的方式主要有购买、联盟和并购。

（1）购买是指利用财务资源通过市场购入的方式获得外部资源。包括购买厂房、装置、设备等物质资源，购买专利和技术等技术资源，招聘有经验的员工等人力资源。

（2）联盟是指通过联合其他组织，对一些难以或无法开发的资源进行共同开发。

（3）并购是通过股权收购和资产收购，将企业的外部资源内部化的一种交易方式。

（二）非市场途径

非市场途径获取资源，主要是利用企业现有资源通过内部培养形成自己所需要的资源。创业者自有资源往往是通过非市场途径获取的。由于起步阶段的创业者、团队往往囊中羞涩，很难通过支付全额费用购买的方式获取创业所需的各种外部资源，因而非市场途径，比如通过社会关系，用最小的代价获取创业资源成为创业者的首选，甚至无偿获取创业资源也并非不可能。

二、创业资源的整合

创业资源的整合就是把企业获得的各类资源在时间和空间上加以合理配置、重新组合，以实现资源效用的最大化。那作为大学生创业或者初创企业的群体，在资源有限的情况下，怎样有效整合资源呢？

创业资源整合的方法主要有两种：一是"Bootsrapping"，二是拼凑。

（一） "Bootsrapping"

Bootstrap 字面上可解释为"靴子的鞋带"，来自 1781 年的小说。主角用一条 Bootstrap 把自己从沼泽的烂泥中拉了出来，过程中完全没有依赖他人的帮助。于是 Bootstrapping 渐渐演变成了"自助、不求人"的意思。Bootstrapping 是指用很少或是几乎不用什么资源的情况下就能打造一家公司，许多 21 世纪最成功的科技公司在创业早期的时候都是由创始人自己掏腰包创建并运营的，包括苹果、Facebook、惠普、微软、甲骨文等。采用这种方式的创业者主要依靠创业者个人的收入与积蓄、汗水、尽可能低的运营成本、快速的库存周期来维持公司运转。与从外部投资者那里筹集资金相比，这种方法能够让创业者自己对公司拥有绝对的控制权和独立性。当然，Bootstrapping 不一定代表永远都不向外募资，更常见的做法是在早期的时候 Bootstrapping，到了中后期再向外寻求资金支持，同时需要通过学习努力快速让公司正常运转起来，为此需要投入大量时间去学习市场营销、PR、招聘、会计和一些通用的商业知识，并将学到的知识快速运用到创业当中去。

（二）拼凑

人类学家克洛德·列维-斯特劳斯（Claude Levi-Strauss）在《野性的思维》一书中提出了"拼凑"（Bricolage）的概念，认为原始人类通过对已有神话元素的重新组合创造出新的神话，利用手头资源对问题提供创造性的解决方案。他认为，对手头资源用途的重新审视可以深化对当地资源禀赋的认知，提升廉价资源、易获得资源的价值。拼凑者以现有资源为突破口，对手头资源的即刻改造、整合和重组，实现了物尽其用的效果。通过缩短资源获取的时间，拼凑也为创造者及时解决问题提供了契机。

实践应用

任务：有效获取与整合创业资源

一、任务背景

近年来，一些大制作的电影越来越多地出现"高投入、低回报"的现象，使高成本电影成为"烧钱"电影。相反一些小成本电影，很多取得了不错的票房成绩。小成本电影《道士出山》在拍摄完成后，导演张涛没有资金请专业公司制作 200 个特效镜头，愁眉不展时，他在网络上看到一个颇有创意的作品，萌生出让这个作品的作者来完成的想法，于是他联系到作品的主人——四川音乐学院动画制作系大三学生胡珏，以较低的酬劳请其制作特效镜头。最终，这部剧本投资仅 28 万元，不到一周写完，筹备 10 天，拍摄 10 天，后期制作 15 天的电影，上线 2 天便收回了成本，10 天票房破 300 万元。

资料来源：https://baijiahao.baidu.com/s?id=1629142866793379419&wfr=spider&for=pc.

二、任务布置

（1）你如何看待小成本电影获得成功的现象？
（2）你认为创业资源整合的意义是什么？

三、任务分析

小成本电影将电影制作的各环节进行拆分，利用"零成本、零距离"的互联网平台，将过去"高成本、远距离"的全球资源进行快速、低价的整合，实现跨地域协同创作，颠覆了传统电影工业的固有模式，降低了影片制作成本。其成功正是通过有效资源"拼凑"、合理整合利用创业资源、通过低投入获得高产出的典型案例。

四、任务拓展

（一）活动形式

以 5～8 人组建小组开展活动。

（二）活动要求

了解创业资源获取与整合的内涵、方法与途径。

（三）活动步骤

（1）分析你所了解的大学生创业案例，分析其创业资源获取的方式是否可行。

_____

_____

_____

（2）与其他有创业意向的团队进行交流，探索创业项目之间是否存在资源整合的可能性。

_____

_____

_____

（四）活动总结及讨论

结合团队创业想法，寻找身边可以利用的创业资源，寻求可能的创业资源整合途径。

_____

_____

_____

◎ **思政园地**

互联网的发展让大数据、人工智能、区块链等新技术层出不穷，越来越多的企业不再专注于单一的业务，而是寻求拓展业务边界，进行优势资源整合，打造全产业链上的优势。互联网之所以能够在这么短时间内改变世界，"分享精神"是其中一个重要因素。做资源整合平台一定要有"开放思维"，不仅是思想和格局上的开放，更体现在平台资源引入及商业模式上如美团、滴滴打车、货拉拉、各大型招聘网站等。

今天这个时代，单打独斗很难成功，唯有合作共赢才能创造更多成功的机会。利用各方面的资源，提高自己的产品优势、减少自身成本的压力。所以，如今的企业想要做好生意，整合资源是必不可少的一个环节。未来的竞争，不再是产品的竞争、不再是渠道的竞争，而是资源整合的竞争。未来，是一个充分利用资源整合实现共赢的时代！

资料来源：http://www.360doc.com/content/22/0509/12/74532830_1030473539.shtml.

主题四　筹措资金——创业融资（一）

▶▶ 学习目标

1. 了解初创企业融资困难的原因。
2. 能够描述创业融资的主要特点。
3. 了解不同融资方式的特点及影响因素。

引导案例

初创企业融资难题

国家统计局上海调查总队对 537 家本市初创企业开展发展现状与需求调查。调查结果显示，上海近七成初创企业资金状况"一般"，约二成有融资需求，银行贷款仍是主要融资渠道。但企业抵押资产不足、融资成本高、缺乏融资对接扶持等原因，造成企业融资困难，其中处于创业阶段的企业尤为突出。

初创企业在融资过程中遇到各种问题和困难。调查显示，造成融资困难的原因，近四成企业认为是"企业自身抵押资产不足"，占 36.8%；认为"融资成本较高"的占 26.3%；认为"企业成立时间短"和"缺乏信用担保机构的担保"的各占 10.5%；认为"专利等没有明确抵押标准""融资过程烦琐"和其他原因的各占 5.3%。可见，上海初创企业融资困难是企业自身和外部环境多方面原因共同造成的。

资料来源：https://www.thepaper.cn/newsDetail_forward_1556606.

案例简评：首先，初创企业往往面临资本金不足的问题。与大企业相比，初创企业初始资本投入有限，由于企业规模相对较小，其初始资本金不会很多，这在一定程度上限制了其融资能力。

其次，初创企业的信用记录通常较为薄弱。由于初创企业运营时间较短，缺乏历史信用记录，这使得它们被金融机构评估还款能力和风险水平时面临困难。

最后，初创企业在寻求银行贷款时也可能面临困难。银行在审批贷款时通常注重企业的资产规模和财务状况，而初创企业在这方面往往较为薄弱。同时，银行为了自身安全考虑，往往对初创企业的贷款申请持谨慎态度。这导致初创企业通过银行贷款融资的可能性相对较小。

知识准备

一、初创企业融资困难

创业融资是针对初创企业、早期企业或非上市企业的融资问题，以期实现企业生存、企业业绩、完善资本结构等目的，使企业随着业绩增长而不断发展，通过创业者自我利益驱动最终实现创业者价值最大化和效用最大化。

为什么创业企业融资难？对于刚起步的创业企业来说，因为刚起步的企业与成熟的优质企业相比，面临着高度的不确定性和信息不对称，获得银行贷款的方式一般不太可行。私人投资者更加小心谨慎，投资机构更倾向于大的成熟项目，发行股票上市更青睐于成长业绩良好的明星企业，所以就形成了初创企业有好的项目却找不到合适投资的尴尬局面。

二、不确定性和信息不对称性

（一）不确定性

（1）初创企业资金少且风险高。为了获取资金，去银行贷款需要一定的资产来做抵押或担保,而刚刚起步的初创企业一般资产很少甚至没有,就会被评估为高风险。因此,初创企业很难获得商业银行的贷款。

(2)初创企业缺乏企业经营管理经验。银行在贷款时要考虑企业的偿还能力和信誉度,而这些要依据企业过去的表现、经营活动或者债务的偿还情况进行判断。

(3)企业的技术和模式不成熟。很多企业是依托某种比较领先的技术或者商业模式作具体资源,但是,往往因为太超前,而无法向投资者证明可以解决哪些问题,以及市场反应如何。因存在较大的不确定性,很难获得融资。

(二)信息不对称性

信息不对称性指的是在融资过程中,新创企业和投资者之间在信息获取和理解上存在差异。初创企业往往对自己的经营情况、市场前景和盈利能力有更深入的了解,而投资者则可能难以获取这些信息或对这些信息的理解存在偏差。这种信息不对称性导致投资者在评估新创企业的融资请求时面临更大的风险和不确定性,从而降低了其投资意愿。

信息不对称性主要体现在:一是创业者处于信息优势,通常对自己项目的商业模式、团队素质、产品水平更为了解。投资者却不一定了解这些,因而就处于信息的劣势。二是经营信息具有非公开性。创业者通常担心自己的商业机密泄露而有意保留商品开发方法等信息,加之企业前期规模小、财务情况不透明,都会增加投资者对创业信息甄别的难度,导致影响投资达成的进展。

初创企业应加强信息披露和透明度,积极向投资者提供真实、准确、全面的信息,包括经营情况、财务数据、市场前景等,以减少信息不对称性,增强投资者的信心。同时,积极寻求多元化的融资渠道,如天使投资、风险投资、众筹等,以拓宽融资渠道,降低融资难度。更重要的是初创企业要不断提升自身实力和竞争力,从而吸引更多的投资者和资金支持。

三、创业融资的主要特点

(一)阶段性

创业融资的阶段性特征与企业生命周期是息息相关的。一个企业从准备创业到最终上市或是被收购过程中间会有多轮的融资活动,在不同的阶段,融资的需求和潜在的投资者都是不同的。

(二)多样性

企业获取资源与融资的渠道多种多样,每种渠道都有其独特之处,即便是在同一融资渠道下,根据具体情况制定的融资条款和条件也可能存在差异,以满足不同企业的个性化需求。

(三)约束性

创业融资的约束性主要体现在投资者对资金使用的严格限制、对融资方信用和经营能力的严格审查，以及对创业企业内部管理的更高要求等方面。这些约束性条件有助于保护投资者的利益，降低投资风险，但同时也增加了创业企业的融资难度和成本。

四、创业融资的方式

按照资金来源的性质，主要有两大类融资方式：一类是借来资金，即债权融资；另一类是用股权换来资金，即股权融资。债权融资和股权融资是两种完全不同的融资方式，企业需要根据自己的不同阶段、不同情况去综合权衡。

（一）债权融资

债权融资是指借款性质的资金，资金所有人提供资金给使用人，然后在约定的时间收回资金（本金）并获得预先约定的固定报酬（利息），资金所有人不过问企业的经营情况，不承担企业的经营风险，所获得的利息也不会因企业经营情况的好坏而变化。如商业银行借款、亲朋好友借贷、抵押融资、信用融资。

优点：筹资速度快，筹资弹性大；稳定公司的控制权，独享未来可能的高额回报；资本成本负担较轻，因为债权融资费用较小，利息费用相对较少，且具有抵税作用。

缺点：不能形成企业稳定的资本基础，如果负债率过高，企业再筹资和经营能力都面临风险；财务风险较大，债权资本需要定期支付本金利息，如果不能保证经营收益高于资金成本，企业会面临收不抵支的局面；筹资数额有限。

（二）股权融资

股权融资是指投资性质的资金，投资方占有企业的股份，按照提供资金的比例享有企业的控制权，参与企业的重大决策，承担企业的经营风险，一般不能从企业抽回本金，其获得的报酬根据企业经营情况而变化。比如，天使投资、风险投资、发行股票。

优点：公司永久性资金，投资者不能从企业抽回本金，但可以向第三方转让；固定的股利负担，投资方与企业共同承担经营风险与收益；无不能偿付的财务风险，股利分配政策可以随着经营情况进行调整。

缺点：普通股筹资成本较高，发行过程中需要支付很高的各类中介机构手续费；会分散公司的控制权，当股份被稀释后，在重大战略决策方面，创业者不得不考虑投资方的意见，双方意见不同时容易造成决策效率的下降，加大公司被收购的风险。

五、融资方式的影响因素

融资方式主要受以下四个方面因素的影响：创业企业所处的阶段、新创企业的特征、融资的成本、创业者对控制权的态度。

（一）创业企业所处的阶段

企业的生命周期可以分为种子期、启动期、成长期、扩张期和成熟期。创业者应将不同阶段的融资需求与融资方式匹配，才能高效开展融资工作。种子期和启动期主要是通过创业者自筹、亲朋好友和天使投资等债权融资方式筹集资金。成长期创业者往往更倾向于股权融资方式筹集资金。扩张期可以通过银行贷款、商业信用、融资租赁等债权方式融资。成熟期可以选择发行股票、债券到资本市场上融资，如果不想继续经营可以通过公开上市、收购等方式退出企业，获得收益。

（二）新创企业的特征

不同的行业有不同的环境，不同的企业有不同的特点，不同的风险有不同的预期收益，这些都会导致融资方式上的不同选择。比如，对传统制造型企业而言，风险低、预期收益易预测，适合通过债权融资；对科技型企业而言，风险高、预期收益不确定，适合通过股权融资。

（三）融资的成本

债权融资的成本是借用资金所支付的利息，定期还本付息会带来较大的财务风险。股权融资不需要无条件定期支付利息，财务风险小，但股权融资过程中各类中介手续费很高，通常投资者还会要求拥有对企业的控制权，导致创业者的股权被稀释。因此，股权融资的成本比债权融资更高。创业者要在投资收益率和资金成本权衡中做出选择。

（四）创业者对控制权的态度

如果创业者更加看重企业能否快速扩张获得财富，为此愿意让渡股权，引入外资与他人共同经营管理企业，会倾向于选择股权融资。如果创业者不愿意将企业的部分所有权与投资者共享，因而选择债权融资，可能会导致企业缺少外部资源的帮助，发展速度比较慢。创业者应该根据自身情况和约束条件合理地进行融资方式的选择。

实践应用

任务：了解创业者融资的特点

一、任务背景

2000 年公司成立之初，郑海涛将全部资金投入研发。资金很快用光了，后续资金还没有着落。郑海涛四处寻找投资商，均吃了闭门羹。投资商认为，数码视讯产品还没有研发出来，投资种子期风险太大，风险投资商更愿意做中后期投资或短期投资。

2001 年 4 月，公司新产品问世，第一笔风险投资也因此有了着落。谈到这笔资金，郑海涛认为选择投资者十分重要。他说："曾有一个投资机构愿意投资，但要求对企业控股 50%。当时资金紧张，不得不同意合作，幸运的是后面由于特殊原因，合作终止了。如果当时被别人控股，公司的发展将不会按照自己原有管理团队的意愿，能不能发展到现在的规模就很难说了。所以，对于初期的创业者来说，选择投资者要十分慎重。"

2001 年 7 月，国家广电总局为 4 家公司颁发了入网证，郑海涛的公司就是其中的一家，允许它们生产数字电视设备的编码、解码器。在此背景下，投资者蜂拥而至。第二次融资为公司上市奠定了好的基础。

在公司取得快速发展之后，郑海涛下一步的计划是通过第三次大的融资，对公司进行股份制改造，使公司走向更加规范的管理与运作。公司还会通过上市进一步优化股权结构，为进军国际市场做好准备。

资料来源：https://www.yjbys.com/chuangye/zhidao/chuangyerongzi/620878.html.

二、任务布置

（1）郑海涛在初创融资时遇到了哪些困难？

（2）初创企业融资有哪些特点？

三、任务分析

（一）初创融资时的主要困难

1. 资金短缺

公司成立之初，郑海涛将全部资金投入研发，但数码视讯产品还未研发出来，且互联网泡沫破灭导致投资形势急转直下，这使得公司很快面临资金短缺的问题。在寻求投资的过程中，由于产品尚未研发完成，投资风险较大，许多投资商选择了回避，导致郑海涛在筹资过程中四处碰壁。

2. 创业者选择适合的投资者

尽管后来公司研发出了新产品并成功吸引了风险投资，但郑海涛也深刻体会到了选择投资者的重要性。他提到，曾有一个投资机构愿意投资，但要求控股 50%，这对公司的自主发展构成了威胁。因此，对于初创企业来说，如何在筹集资金的同时保持公司的独立性和发展方向，是需要慎重考虑的问题。

（二）初创企业融资的特点

1. 技术风险高

初创企业往往处于产品或服务的研发阶段，技术尚未经过市场的有效检验，显然存在较高的技术风险。投资者需要评估技术的可行性和市场前景，以决定是否投资。

2. 财务不透明

初创企业由于规模较小、运营时间较短，其财务状况可能相对不透明。这使得投资者在评估企业价值时面临一定的困难。

3. 融资需求迫切

初创企业通常需要大量的资金来支持产品的研发、市场推广和运营。然而，由于信用记录有限和资产规模较小，它们往往难以从传统的金融机构获得贷款。

四、任务拓展

（一）活动形式

以 5～8 人组建小组开展活动。

（二）活动要求

了解初创企业融资环境，认识创业融资的特点。

（三）活动步骤

（1）结合你所了解的大学生创业案例，分析在不同阶段分别选择了什么渠道的融资。

_____

_____

_____

（2）你从上述案例中能得到哪些启发？

_____

_____

_____

_____

（四）活动总结及讨论

（1）总结一下，初创企业较难获得第一桶金的原因。

_____

_____

_____

（2）讨论一下，如何解决初创企业在融资上的不利因素。

_____

_____

_____

◎ 思政园地

　　党中央高度重视民营经济发展，始终把民营企业和民营企业家当作自己人，在民营企业遇到困难、困惑时给予支持和指导。2020 年以来，面对新冠疫情等带来的冲击，民营企业在融资、经营、发展上面临许多困难，国家加大政策扶持力度，印发《扎实稳住经济的一揽子政策措施》，推出 33 项措施，为民营企业送去"及时雨"；在信贷、债券、股权等方面出台一系列政策，民营企业信贷投放总体呈现"量增、面扩、价降、质升"的良好态势。

资料来源：http://lianghui.people.com.cn/2023/n1/2023/0313/c452482-32643630.html.

主题五　筹措资金——创业融资（二）

学习目标

1. 了解不同融资渠道的特点及资金分类。
2. 了解创业融资的一般过程。
3. 根据创业融资的特点，初步选择有效的融资渠道。

引导案例

央行发布 2023 年 4 月社会融资规模增量统计数据报告，4 月社会融资规模增量为 1.22 万亿元，比上年同期多 2729 亿元。其中，对实体经济发放的人民币贷款增加 4431 亿元，同比多增 729 亿元；对实体经济发放的外币贷款折合人民币减少 319 亿元，同比少减 441 亿元；委托贷款增加 83 亿元，同比多增 85 亿元；信托贷款增加 119 亿元，同比多增 734 亿元；未贴现的银行承兑汇票减少 1347 亿元，同比少减 1210 亿元；企业债券净融资 2843 亿元，同比少 809 亿元；政府债券净融资 4548 亿元，同比多 636 亿元；非金融企业境内股票融资 993 亿元，同比少 173 亿元。

资料来源：http://finance.caijing.com.cn/20230511/4936245.shtml.

案例简评：银行贷款是企业融资的重要渠道之一。近年来，各类银行优化对中小企业的信贷产品服务，扩大普惠金融服务覆盖面，加大普惠金融科技投入，创新特色信贷产品，探索具有全流程线上化、自动审批、无需担保抵押、资金随借随还等特点的信贷产品，提升用款便利度，降低初创企业融资的综合财务成本，助力中小企业畅通资金血脉。

知识准备

一、融资渠道

融资渠道按照融资对象可以分为私人融资、机构融资、政府背景融资三种。

（一）私人融资

私人融资，是创业者向个人融资，包括创业者自筹积蓄、向亲朋好友融资、天使投资等。

国际金融公司（IFC）对北京、成都、顺德、温州 4 个地区的私营企业的调查结果显示：我国的私营中小企业在初始创业阶段几乎完全依靠自筹资金，90%以上的初始资金都是由创业者、创业团队成员及其家庭提供的，而银行、其他金融机构贷款所占的比重很小。

1. 自筹积蓄

自筹积蓄是用自己的积蓄创建公司，一方面个人积蓄具有使用成本低、得来快、使用时间长、利于掌握股权等优势；另一方面个人资金的投入传递着创业者的雄心壮志，发出愿意为创业成功而竭尽全力的信号。缺点是资金规模有限，一旦失败，多年积蓄会付之东流。

2. 亲朋好友融资

亲朋好友融资的优点是成本低、易获取、手续简单、资金到位快、克服信息不对称。缺点是投资人和创业者在管理权及利益分配上容易产生冲突，造成日后的经济损失和情感伤害。在向亲朋好友融资时，为避免日后可能出现的纠纷，需尽早签订正式的投资或借款协议，约定融资的形式是股权还是债权形式、股权融资未来的分红比例和分红时间、债权融资借款的本息偿付计划等。

3. 天使投资

天使投资源于纽约的百老汇富人出资资助一些具有社会意义演出的公益行为，现指自由投资者或非正式风险投资机构对有创意的创业项目或小型初创企业进行的一次性的前期投资，是一种非组织化的创业投资形式。天使投资是建立在一定信任基础上、因为认可创业者个人能力而进行的投资，投资金额较少。天使投资具有三个特点：第一，直接向创业企业进行股权投资；第二，不仅提供资金，还提供专业知识和社会资源方面的支持，形成一种利益联盟的关系；第三，程序简单、短时间内资金就可以到位。

（二）机构融资

机构融资是指向相关机构融资，主要包括商业银行贷款、风险投资、中小企业间的互助机构贷款、创业板发行股票上市融资等。

1. 商业银行贷款

适合创业者的商业银行贷款主要有抵押贷款、担保贷款、信用贷款、贴现贷款等。近年来，在国家政策和市场竞争的推动下，商业银行出现了一些支持创业者的新的业务类型，如个人生产经营贷款、个人创业贷款、个人助业贷款、个人小型设备贷款、个人周转性流动资金贷款、下岗失业人员小额担保贷款和个人临时贷款等类型，甚至出现了不需要有担保人的贷款，如蚂蚁金服，根据借款人的信用情况直接审批贷款。

2. 风险投资

风险投资简称 VC，被称为创业者的维生素 C，是指由专业投资人提供给快速成长并且具有很大升值潜力的新兴公司的一种权益资本。风险资本的特点：一是股权型投资，通过购买股权、提供贷款或既购买股权又提供贷款的方式进入企业。二是资金规模相对较大，投资周期长，往往会积极参与所投资企业的创业过程。三是重视高风险和高收益的组合投资，后期通过股权退出获得资本增值收益。

3. 中小企业间的互助机构贷款

中小企业在向银行融通资金的过程中，根据合同约定，由依法设立的担保机构以保证的方式为债务人提供担保，在债务人不能依法履行债务时，由担保机构承担合同约定的偿还者责任从而担保银行债权实现的一种金融秩序制度。这种类型的机构融资源于20世纪20年代，许多国家为了支持本国中小企业的发展，先后成立了为中小企业提供融资担保的信用机构，遵循"共同收益、共担风险、互相制约"的原则，对解决中小企业银行贷款难、改善融资环境具有重要的帮助。

4. 创业板发行股票上市融资

创业板上市是指主板市场以外，满足中小企业和新兴行业企业融资需求和创业投资退出需求的证券交易场所，如美国的纳斯达克、英国的 AIM 等。从世界范围看，创业板已经成为各国高科技企业的主要融资场所。但是，通过创业板方式上市就像一把双刃剑，一方面有利于创业企业实现收益、提高知名度、建立现代企业制度、提供风险退出策略。另一方面也给创业企业带来了高风险性，如控制权逐渐被削弱、面临被收购的风险等。

（三）政府背景融资

政府背景融资是指政府推出的针对创业企业的各种扶持资金及政策，主要包括政府专项基金、税收优惠政策、财政补贴、贷款援助等融资渠道。政府的资金支持是中小企业资金来源的一个重要组成部分，综合世界各国的情况来看，政府资金支持一般能占到中小企业外来资金的 10% 左右，这些资金一般是无偿的，对降低创业成本很有帮助。资金支持方式主要有税收优惠、财政补贴、贷款援助、风险投资和开辟直接融资渠道等。

二、创业融资的一般过程

第一步，做好融资前的准备，既包括创业者和创业团队要建立和经营好个人信用，有利于以比较低的成本快速获得资金，同时还应梳理企业基本情况、面临的机遇、在业务上的竞争优势、商业模式和发展空间等，关键是找出最能打动投资者的地方。

第二步，融资需求分析。计算创业所需要的资金，明确融资时机，对融资渠道进行可行性分析，可聘请专业的融资顾问为融资提供专业的意见并引荐合适的投资者。

第三步，确定相应的融资方式。例如，选择使用股权资金还是债权资金，约定股权融资未来的分红比例和分红时间，约定债权融资借款的本息偿付计划等。

第四步，编制创业计划书，这既是企业正式向外部融资者提出需求的开始，也是融资是否能成功的重要步骤。

第五步，根据所确定的融资方式展开融资谈判，就融资的具体条款进行商榷，在与投资者的交流中获取有利于企业发展的建议。

第六步，确定关键的风投机构，接受投资机构的尽职调查。

第七步，就估值和股权框架进行谈判。

第八步，签署融资合约，办理交割手续。

三、资金分类

在创业融资过程中，要想提高融资的成功率和降低融资风险，就要确定具体的融资需求。资金不是越多越好，创业融资既有风险又有成本。所以，创业者在融资前应明确多少资金，这个资金量需要算到企业盈利的平衡点。

按照资金投入企业的时间，可将资金分为投资资金和营运资金。投资资金是指企业开办前，筹办期间发生的各种支出所需的资金，包括办公家具费、员工工资、开办费等所需资金。营运资金是指企业开始营运至企业能够实现收支平衡为止期间，所需的各项资金，如货币资金、应收票据、应付账款和存货等。二者的不同主要体现在投入时间节点的不同，企业开办前的是投资资金，开始经营至实现收支平衡期间是营运资金，且营运资金一般为流动资金。二者共同构成了融资预算。

实践应用

任务：了解创业融资的渠道

一、任务背景

携程网的融资历程是一个复杂且多元化的过程，涉及多个阶段和不同的投资者。以下是携程网的主要融资历程。

第一步：创建携程，吸引 IDG 第一笔投资 50 万美元。

1999 年 4 月，创始人梁建章、沈南鹏、范敏、季琦四人成立携程香港公司，注册资本约 200 万元人民币，公司的股权结构完全以出资的比例而定。携程香港公司成立后，以股权转让形式 100%，控股携程上海公司。1999 年 10 月，在携程网站还没有正式推出的情况下，基于携程的商业模式和创业团队的价值，IDG 凭借携程一份仅 10 页的商业计划书向其投资了 50 万美元作为种子基金。作为对价，IDG 获得了携程香港公司 20% 的股份。携程香港公司的获得了初期启动资金。

第二步：吸引软银等风险投资 450 万美元，携程集团架构完成。

2000 年 3 月，携程国际在开曼群岛成立。以软银牵头，IDG、兰馨亚洲、Ecity、上海实业五家投资机构与携程国际签署了股份认购协议。携程国际以每股 1.0417 美元的价格，发售 432 万股 "A 类可转可赎回优先股"。本次融资共募得约 450 万美元。携程国际利用这笔资金并购北京现代运通，进入宾馆预订业务，成为其第一个利润中心。随后，携程国际通过换股 100% 控股携程香港公司。这样，携程集团架构完成，为携程以红筹模式登陆外证券市场扫平道路。

第三步：引来美国凯雷集团等机构的第三笔投资。

2000 年 11 月，凯雷等风险投资机构与携程集团签署了股份认购协议，以每股 1.5667 美元的价格，认购了携程集团约 719 万股 "B 类可转可赎回优先股"。其中凯雷认购约 510 万股，投资额约达 800 万美元，取得约 25% 的股权，其他风险投资增持。至此，携程集团完成了第三次融资，获得了超过 1000 万美元的资金。随后，携程集团并购北京海岸航空服务公司，进入机票预订业务。

第四步：吸引老虎基金。PRE-IPO 投资 1000 万美元，提升国际投资者的认可度。

2003 年 9 月，携程集团从老虎基金处获得了上市前最后一轮 1000 万美元的投资，携程集团能在上市之前获得重量级的美国风险投资机构或者战略投资者的投资，对于提升公司在国际投资者的认可度有着非常大的帮助。

资料来源：https://www.docin.com/p-1521630920.html.

二、任务布置

请分析携程网的融资渠道。

三、任务分析

从 1999 年成立到 2003 年在美国上市，创立初期的携程从多种渠道筹措了规模大小不同的资金，为企业的发展奠定了坚定的资金后盾。按照融资对象的不同可以从私人融资、机构融资、政府背景融资三种渠道着手分析。

四、任务拓展

（一）活动形式

以 5～8 人组建小组开展活动。

（二）活动要求

了解初创企业融资渠道。

（三）活动步骤

（1）结合携程网的发展历程，分析其在不同阶段选择的融资渠道。

渠道模型	可能的渠道	哪轮融资
私人融资	自筹积蓄	
	亲朋好友融资	
	天使投资	
机构融资	商业银行贷款	
	风险投资	
	中小企业间的互助机构贷款	
	创业板发行股票上市融资	
政府背景融资	政府专项基金	
	税收优惠政策	
	财政补贴	
	贷款援助	

（2）评估融资渠道的获取指数。

渠　　道	获取速度	流程手续	融资优势	融资风险	总分
自筹积蓄					
亲朋好友融资					
天使投资					
商业银行贷款					
风险投资					
中小企业间的互助机构贷款					
创业板发行股票上市融资					
政府专项基金					
税收优惠政策					
财政补贴					
贷款援助					

　　根据实际情况为各个融资渠道打分，具体评分标准是"非常简单"4分，"比较简单"3分，"一般"2分，"比较困难"1分，"非常困难"0分。为各项打分，得分高者，即为团队更倾向使用的融资渠道。

（四）活动总结及讨论

（1）结合企业生命周期，总结一下不同发展阶段怎么选择融资渠道。

_____

_____

_____

（2）讨论一下可以采用哪些措施来筹集资本，同时又能维护创业团队的利益。

_____

_____

_____

_____

◎　思政园地

　　A公司在初创阶段，为了快速扩大规模，采取了非法集资的方式进行融资。公司向公众承诺高额回报，吸引了大量投资者投入资金。然而，由于公司经营不善，无法按时兑现承诺的回报，导致投资者纷纷起诉A公司。非法集资不仅会导致法律纠纷和财务损失，还会对公司的声誉和长期发展造成严重影响。为了避免类似A公司的案例再次发生，创业者应该规范自己的融资行为。在融资前，要对市场进行充分调研和分析，制订合理的融资计划和策略。因此，创业者在融资过程中必须严格遵守相关法律法规，确保融资行为的合法性和合规性。

　　资料来源：根据公开资料整理。

模块七

提出优方案

【背景描述】

党的十八大以来，以习近平同志为核心的党中央高度重视企业家群体和企业家精神在国家发展中的重要作用。作为当代大学生，无论是否创办企业，都需要有"创业"的思维，像企业家那样去思考谋划、去实践、去坚守。本模块通过介绍商业模式的内涵、创新商业模式的工具及商业计划书的撰写方法，使同学们能够了解和掌握创业相关的基础知识。希望每一位同学在制订、践行自己人生目标的过程中，把握好"企业家精神"，用实际行动彰显青年人的个人抱负和家国情怀。

主题一　设计方案——商业模式

学习目标

1. 理解商业模式的内涵及要素。
2. 掌握商业模式的基本类型。
3. 能够分析常见的商业模式案例。

引导案例

中冶赛迪集团有限公司是中国五矿和中国中冶重要骨干子企业，现已发展成为国际一流、国内领先的科技型技术服务集团，入选国务院国资委创建世界一流专业领军示范企业。

2003年，该公司前身冶金工业部重庆钢铁设计研究总院，以其核心业务进行整体改制，发起设立中冶赛迪工程技术股份有限公司，在冶金勘察设计企业中率先完成国有控股、投资主体多元化的股份公司改制，由国有大型设计院向工程技术公司转型。而今，中冶赛迪集团有限公司是工业互联网平台和钢铁智能制造领军企业，将60余年扎根工业的领域知识与智能化大数据技术相结合，推动智能化大数据与实体经济深度融合取得开创性成果，自主研发了钢铁行业首个全流程实战应用的工业互联网平台，落地实施了一大批全球首创性的钢铁智能制造项目，在全球范围内率先实现长流程钢厂智能制造、首创基于统一数字平台底座的全流程精益智能数字工厂，彻底颠覆传统生产模式，引领钢铁行业生产方式、组织模式智能化变革。

资料来源：http://www.cisdi.com.cn/html/gsjs/.

　　案例简评： 中冶赛迪集团有限公司发现单纯依靠钢铁主业难以维持长期稳健发展，需要在冶金为主的服务领域扩大发展。在新形势下开展了转型升级，进行了商业模式上的创新。经营模式由原来单一的设计院转变为提供工程咨询、设计、承包、融资服务的工程服务公司。值得一提的是，该公司率先成为国内首家拥有私有云的工程技术服务商。

知识准备

一、商业模式的内涵

　　商业模式是企业创造价值的核心内在逻辑，它描述了企业如何创造价值、传递价值和获取价值的基本原理，是实施相关商业活动的一套逻辑化的方式方法，将原本做不成的事情做成，将原本做不好的事情做好。

　　清华大学雷家啸教授概括企业的商业模式是：一个企业如何利用自身资源，在一个特定的包含了物流、信息流和资金流的商业流程中，将最终的商品和服务提供给客户，能够收回投资、获取利润的解决方案。

二、商业模式的要素

　　商业模式是由价值体现、价值创造方式、价值传递方式、企业的盈利方式这四个方面构成。价值体现是能够发现目标客户所需要的价值。价值创造方式和价值传递方式是企业将自己的价值构想实现，并为客户传递价值的过程性手段。在为客户创造并传递价值的同时，新创企业要清楚自身的盈利方式。这四个要素说明商业模式的本质是企业为用户创造价值并传递价值，使客户感受并享受到企业为其创造价值的系统逻辑。

三、几种常见的商业模式

（一）附加商业模式

　　该商业模式是当核心产品价格低廉时，会通过附加产品使总体价格上升的商业模式。客户以极低的价格购买核心产品，但是，为了满足具体需求还需要另外购买其他产品，最终花费的价钱要比预期的多，而商户也从中获取更大的利益。例如，装修行业就是一个附加商业模式，前期的报价定方案，后期增加项目及改动项目来使整体价格上涨。

（二）试用商业模式

　　该商业模式描述的是个人或者组织团体之间进行不同种类的产品和服务的交换。例如，大型商场的商家为了促销新品上市，会准备一定数量的免费试用品，让客户体验产品的效果，从而用口碑打开新品市场。通过为潜在的新客户介绍某种产品，试用模式能为产品宣传起到一定作用。

（三）交叉商业模式

该商业模式是指在不同产业或业务领域之间进行交叉融合，形成新的商业模式。这种模式充分利用不同领域的资源和优势，为企业带来更高的效率、更大的市场份额和更强的竞争力。交叉商业模式的核心在于通过交叉融合不同领域的元素，创造出新的商业机会和竞争优势。例如，在加油站不仅仅可以加油，还可以购买跟汽油无关紧要的产品，如烟、酒、饮料等。这种交叉销售的方式不仅增加了顾客的黏性，还为公司带来了可观的利润。

（四）会员制商业模式

该商业模式是一种通过建立会员制度，以会员为中心，提供个性化服务和优惠，增加会员忠诚度和消费频率，从而实现企业盈利的营销方式。其核心在于通过会员管理、会员服务和会员营销等手段，建立稳定且具有高度忠诚度的会员群体，进而实现长期的商业价值和盈利增长。发放会员卡是目前最为常用的保持顾客忠诚度的手段，而注册会员卡时，顾客提供的身份信息能让商家更好地对顾客进行附加服务。例如，节假日时送上美好祝福，生日时提供精美礼品等。

（五）数字化商业模式

该商业模式是指将传统的商业模式进行数字化改造，通过使用数字技术来改变商业模式的各个环节，从而实现更高效、更创新的商业模式。这种模式的出现和发展，与通信行业的快速发展和数字化浪潮的推进密切相关。例如，在零售行业中，企业可以利用数字技术实现高效运营、产品科研创新，以及提升物流仓储与供应链管理的效率。在服装品牌方面，企业可以基于用户的数字化实现全渠道运营，从而增强市场竞争力。同时，随着 AI、IoT、云计算、区块链等技术的发展，数字工厂正在大面积兴起，实现个性化定制和线上线下无差别体验。

实践应用

任务：探索商业模式

一、任务背景

在南方，米粉是当地居民极其平常的主食之一，常常以夫妻店的形式存在于街头巷尾。"90后"大学生张天一创立了新餐饮零售品牌"霸蛮"，让湖南牛肉米粉这一传统美食受到越来越多人的欢迎，成为现象级的网红产品。

如今，"霸蛮"一年就卖出超过 2500 万碗米粉，全国有近 200 家门店，在多家电商平台米粉类商品销量位列第一名。张天一不仅是霸蛮科技的创始人，也不可否认是霸蛮的 IP 之一，"90后""北大硕士卖米粉"这几个标签在创业初期一直围绕着这个品牌。但他开创的商业模式，是霸蛮米粉获取成功的关键。中欧运营及供应链管理学教授赵先德团队 2019 年撰写了案例《霸蛮科技：构筑"无界餐饮"的供应链》，并入选哈佛商学院案例库。让我们一起看看霸蛮米粉的商业模式。

二、任务布置

简述霸蛮米粉商业模式的过人之处。

三、任务分析

（一）关注目标客户需求

如今消费者普遍对食品安全和质量比较关注，街边小店虽然方便，但食品安全令人担忧，这是小店与大型连锁餐饮企业相比薄弱的地方，也是小店经营发展的契机和突破点。张天一重视消费者的需求，注重在消费者中积累企业的产品价值，加强与消费者的联系，为此在线下多家门店中，张天一主张安装智能装货和智能排班、会员系统，便于了解消费者的喜好以及对食品的反馈，进一步洞察消费者需求。

（二）互联网思维创新应用

从创业初期，张天一和同伴不断地学习米粉的制作，研发出霸蛮米粉核心商业机密的香辛料包。为了保证每一碗牛肉粉做出来都是同样优质的口味，对米粉的相关食材、调味料都进行了标准化的生产，从而使品质得到了保障。另外，对线上配送、电商服务和线下门店运营进行标准化制定和规范，让客户享受服务的便捷。在完成企业整个数据链条的流转中开发大量的智能系统，例如 ERP 系统，然后，把工厂和下游门店的数据实时打通，做到前端有销售预测，后端有智能匹配，提升运转效率。

（三）独特的无界餐饮模式

2019 年，中欧运营及供应链管理学教授赵先德团队撰写了案例《霸蛮科技：构筑"无界餐饮"的供应链》，并入选哈佛商学院案例库。在案例中提到了霸蛮采用"到店+到家""餐饮+零售""线上+线下"三结合经营的无界经营方式。

资料来源：1. https://m.thepaper.cn/baijiahao_19148852.
　　　　　2. https://baijiahao.baidu.com/s?id=1714659805825338410&wfr=spider&for=pc.
　　　　　3. https://baijiahao.baidu.com/s?id=1703768596438655441&wfr=spider&for=pc.

四、任务拓展

（一）活动形式

以 5～8 人组建小组开展活动。

（二）活动要求

选择一家你熟悉的企业，分析这家企业的商业模式的特点。

（三）活动步骤

（1）企业名称：＿＿＿＿＿＿＿＿＿＿＿＿＿＿＿＿＿＿＿＿＿＿

（2）企业简介：

_____
_____
_____

（3）企业的商业模式：

① _____
_____
_____

② _____
_____
_____

③ _____
_____
_____

（四）活动总结及讨论

请说一说商业模式创新的意义。

_____
_____
_____

◎ 思政园地

2009年，王亚平经过选拔正式成为我国第一批女航天员之一。但所有荣耀的背后都有着一段不为人知的艰辛道路。女航天员的训练要求、标准和男航天员一样。太空中出舱后的每一个动作，都要在地面上进行反复模拟练习。为了更好地模拟出舱活动，她经常穿着200公斤的水下训练服进行训练，在水下训练五六个小时后，吃饭时手都是抖的，连筷子都拿不了。在王亚平的人生字典里，没有"放弃"两字。在追梦飞天的路上，她一次次挑战自我，挑战极限。接下来，她将继续进行太空工作和生活……现在的王亚平已经是很多年轻人心中的偶像，她在接受记者采访时表示：梦想就像宇宙中的星辰——看似遥不可及，但只要你努力，总有一天你能触摸到它。作为年轻人，一定要敢于有梦、勇于追梦、勤于圆梦。

资料来源：https://m.sohu.com/a/500535263_121169859/.

主题二　创新方案——商业模式画布

▶▶ 学习目标

1. 了解商业模式画布的内涵及构成。

2. 能够使用商业模式画布分析商业模式。

3. 能够使用商业模式画布初步设计商业模式。

引导案例

上海三菱电梯有限公司

上海三菱电梯有限公司成立于 1987 年 1 月，由上海机电股份有限公司和日本三菱电机株式会社等四方合资组成，是由中方控股和管理的中日合资大型电梯企业。该公司是中国机械制造业和外商投资企业 500 强企业。公司经过 20 年的创业与发展，已成为中国最大的电梯制造和销售企业之一。产品市场占有率已连续多年在中国电梯市场保持领先地位。

尽管上海三菱电梯有限公司是行业里的佼佼者，但来自内外的压力却越来越大。一方面，随着全球经济增速的放缓，企业出口增速下降；另一方面，不断上升的生产要素成本进一步挤压了企业盈利空间，消费者的需求呈多元化趋势。在这种背景下，公司认识到，要提高竞争力，就必须从单纯地追求提高产品的数量和质量，转向主动建立以客户为中心的服务管理体系，通过提高用户满意度取得企业竞争优势。因此，上海三菱电梯有限公司明确了"以客户为中心"的企业服务核心价值观，努力以"把方便留给客户、把困难留给自己"作为企业的服务准则。

资料来源：http://gzsuling.cn/NewsView.asp?ID=116&sortID=11.

案例简评：上海三菱电梯有限公司从"以产品为中心"的生产经营型企业向"以客户为中心"的经营服务型企业转型。通过收集和分析客户的需求建立服务管理体系、识别服务管理抓手、开发信息工作平台，生产出满足客户要求的产品和服务。商业环境在不断变化，市场需求也在不断演变。通过商业模式创新，企业可以更好地满足新的消费需求，抓住市场机遇。商业模式的更新迭代使企业焕发新的活力。

知识准备

一、商业模式画布的内涵

管理学大师彼得·德鲁克曾说："当今企业之间的竞争，不是产品之间的竞争，而是商业模式之间的竞争。"对于一家创业公司来说，商业模式的设计和创新尤为重要。奥斯特瓦德和皮尼厄在其著作《商业模式新生代》中把商业模式构成要素设计成商业模式画布，为企业家、学者提供了一个实用工具，可用来进行商业模式的分析、设计和实践。

商业模式画布是描述商业模式的通用语言，是帮助公司了解商业模式最直接、最系统化的方式。通过商业模式画布，可以解决深入了解顾客群体、公司提供何种价值定位、价值定位通过什么渠道传递、公司如何盈利、同类竞争者的商业模式等一系列问题。商业模式画布在会议或者头脑风暴中经常使用，通过一个白板或者一面墙来展示，能直观有效地呈现内容。

二、商业模式画布的构成

（一）客户细分

客户细分是 20 世纪 50 年代中期由美国学者温德尔·史密斯提出的，通常是指企业在明确的战略业务模式和特定市场中，根据客户的属性、行为、需求、偏好，以及价值等因素对客户进行分类，并提供有针对性的产品、服务和销售模式。简而言之，客户细分是为了找到目标客户。客户细分不仅是客户关系管理的重要理论组成部分，也是实现客户价值最大化和企业长期可持续盈利目标的关键手段。

在商业模式中，客户细分的类型多种多样。首先，可以根据客户的外在属性进行分层，如地域分布、产品拥有情况、组织归属等。这种分层方式简单直观，数据也容易获取。其次，内在属性也是客户细分的重要依据，包括性别、年龄、信仰等内在因素所决定的属性。最后，消费行为分类也是客户细分的重要方面，例如，根据 RFM 模型（最近消费、消费频率与消费额）对客户进行划分。

（二）价值主张

价值主张是用来描绘为特定客户细分创造价值的系列产品和服务，解决客户困扰或者满足客户的需求，是客户选择时考虑的重要因素。常见的价值主张包括新颖性、性能、定制化、把事情做好、设计、品牌及身份地位、价格、成本削减、风险抑制、可达性、便利性或可用性等。

在提炼公司价值时，可以从能够给顾客提供的价值出发，选择最重要的一个价值进行无限扩大，并将其转化为一个直接且令人难忘的陈述句。同时，确定客户的需求是价值主张设定过程中非常重要的一个步骤，价值主张的一个重要因素是向潜在客户展示如何满足这些需求。

在实施价值主张时，企业需要关注产品质量和服务水平。优质的产品和服务是实现价值主张的关键，例如，客户在采购大型设备时主要关注质量、售后服务、价格、品牌等方面。因此，价值主张的设定需要紧密围绕这些关键指标，以确保能够吸引并满足目标客户群体的需求。因此，企业需要不断提升自身的产品质量和服务水平，以满足客户的期望和需求。

（三）渠道通路

渠道通路是指商品和服务从生产者转移到经销商、再由经销商转移到消费者的过程。这些渠道不仅有助于企业宣传品牌、提升知名度，还能够传递企业的价值主张，帮助客户体验并评估产品，最终实现购买。

渠道通路有多种分类方式。按照形式，可以分为线上渠道和线下渠道。线上渠道通常包括企业官网、电商平台、社交媒体等；线下渠道则可能包括实体店、经销商、合作伙伴等。渠道通路还可以分为直接渠道和间接渠道。企业直接将产品或服务销售给最终用户，没有中间商参与，属于直接渠道。企业通过中间商（如批发商、零售商、代理商等）将产品或服务销售给最终用户，属于间接渠道。

通过创新渠道通路，企业可以更好地触达目标客户群体，挖掘新的商业机会，拓展产品线和服务范围。例如，一些企业通过建立独特的线下零售店和在线销售平台，成功打造了高端品牌形象，并吸引了大量忠实用户。同时，优化渠道结构和管理方式，还可以提升企业的销售效率和市场份额，实现盈利最大化。此外，企业还需要关注市场动态和消费者需求的变化，以便及时调整渠道策略，加强与供应商、分销商和合作伙伴之间的合作关系，共同推动商业模式的成功实施。

（四）客户关系

客户关系指的是企业为达到其经营目标，主动与客户建立起的某种联系。它不仅仅是为了方便交易和节约交易成本，更重要的是为企业深入理解客户的需求和交流双方信息提供机会。企业应关注客户关系的持续性和深度化，通过搭建客户档案，记录客户交互和行为数据，以建立客户画像，进而提供更为精准的客户定位和营销策略。企业还可以通过各种手段，如建立社群平台、线上线下融合等，促进客户之间的交流和互动，形成共同体感和归属感，从而提升客户的黏性和忠诚度。

（五）收入来源

收入来源是用来描绘公司从客户群体中获取的现金收入。一个商业模式会包含一种或多种类型的收入来源。不同企业根据其独特的商业模式和市场需求，可能采用不同的收入来源组合。同时，随着市场环境和消费者需求的变化，企业也需要不断调整和优化其收入来源。以下介绍常见的几种收入来源的形式。

1. 产品或服务销售

这是最常见的收入来源。企业通过生产或提供服务，将其销售给消费者或其他企业，从而获取利润。例如，制造业企业销售其生产的产品，而服务业企业提供专业咨询、技术支持等服务。

2. 订阅或会员费

例如，在线视频平台、新闻网站或软件服务，可以通过收取订阅费或会员费来获得稳定的收入来源。

3. 广告收入

例如，许多在线平台和媒体公司通过在其平台上展示广告来获取收入。广告可以是视频广告、横幅广告、原生广告等多种形式，收入来源可以基于点击量、展示次数或转化效果等。

4. 交易佣金

该方式是电商平台或中介机构可以通过促成交易收取一定比例的佣金。例如，电商平台从每笔交易中抽取一定比例的费用。

5. 授权和知识产权

该方式是企业通过拥有独特的技术、专利或品牌，授权其他企业使用或销售相关产品来获取收入。

6. 数据销售或分析

该方式是企业通过收集和分析用户数据，然后将其销售给第三方来获取收入。

7. 增值服务

该方式是企业除了提供核心产品或服务外，还可以提供额外的增值服务来收费，例如高级功能、定制化服务或优先支持等。

8. 金融服务

金融服务可以成为重要的收入来源。对于金融科技公司或平台，如 P2P 借贷、支付处理或虚拟货币等。

9. 赞助和捐赠

该方式是一些非营利组织、公益项目或文化活动可以通过寻求企业或个人的赞助和捐赠来获取资金。

10. 交叉销售和捆绑销售

企业可以通过将多个产品或服务捆绑在一起销售，或利用现有客户关系交叉销售其他产品，从而增加收入来源。

（六）核心资源

核心资源是用来描绘让商业模式有效运转所必需的最重要的因素。每个商业模式都需要核心资源，这些资源是确保商业模式有效运作和创造价值的关键因素。

核心资源主要分为实物资源、知识性资源、人力资源、金融资源等。实物资源包括土地、厂房、设备等所有具有物理形态的资产。知识性资源涵盖了品牌、商誉、专利、商标、专有技术、合作关系和客户数据库等。知识性资源对提升企业的竞争力和创新能力至关重要，它们通常难以被竞争对手复制，是企业独特的竞争优势来源。人力资源指的是那些无法外包或替代的核心团队和员工。例如，关键的技术专家、销售团队或管理层都是企业的重要人力资源。金融资源包括现金、银行授信、吸引员工的股票期权池等。

不同企业根据其商业模式和市场定位，可能依赖不同的核心资源。例如，技术驱动型企业可能更加注重知识性资源和人力资源，而资本密集型企业则可能更依赖于实物资源和金融资源。因此，企业需要清楚地了解自己的核心资源，以便更好地设计和管理商业模式。

（七）关键业务

关键业务是指在企业运营和盈利中具有重要影响的核心业务，用来描绘为了确保其商业模式的可行，企业必须做的最重要的事情。这些业务通常是企业的主要收入来源，也是其保持市场竞争力的关键。例如生产、销售、市场营销、客户服务等。以生产为例，对于生产产品的企业而言，生产环节属于关键业务之一。企业需要关注如何高效地组织生产，确保产品质量和交货期的满足，这对于整体的管理和运营提出了很大的挑战。客户服务也是关键业务的重要组成部分。企业需要关注服务质量的提升和客户满意度的提高，通过优质的客户服务增强客户忠诚度，进而提升市场竞争力。

不同企业的关键业务可能有所不同，企业在确定关键业务时，需要结合自身的实际情况进行深入分析和判断。识别关键业务需要通过财务指标如收入、利润等，以及业务流程、客户需求、市场竞争等多个方面进行判断。通过深入分析这些因素，企业可以确定哪些业务是其核心和关键，从而制定针对性的战略和措施，优化和保护这些业务，以确保企业的长期发展和竞争优势。

（八）重要合作

重要合作是指在商业活动或运营过程中，与其他组织或个体建立的关键性、互利性的伙伴关系。重要合作是企业实现长期发展和提升竞争力的重要手段之一。通过与合适的伙伴建立合作关系，企业可以获取更多的资源、技术和市场机会，从而实现更好的业务增长和可持续发展。具体来说，重要合作可能包括以下几种形式。

1. 战略合作

企业与其他企业或组织建立长期的、全面的合作关系，共同开拓市场、研发新产品或技术，实现资源共享和优势互补。这种合作有助于提升企业的综合实力和市场竞争力。

2. 供应链合作

与供应商、分销商等建立紧密的合作关系，确保供应链的稳定性、可靠性和高效性。这种合作有助于降低企业的运营成本、提高运营效率，并提升客户满意度。

3. 技术合作

与科研机构、高校或其他技术领先的企业进行合作，共同研发新技术、新产品或解决方案。这种合作有助于企业获取最新的技术信息、提升创新能力，并推动产业升级。

4. 渠道合作

与具有强大销售渠道的企业或组织进行合作，共同推广产品或服务，扩大市场份额。这种合作有助于降低市场推广成本、提高销售效率，并增强品牌影响力。

（九）成本结构

成本结构用来描绘运营一个商业模式所引发的所有成本。创建价值和提供价值、维系客户关系以及产生收入都会引发成本投入。成本结构是商业模式中重要的环节，它关系到企业的盈利能力、竞争力和可持续发展。企业优化其成本结构，以实现成本最小化和价值最大化的目标。这些成本内容通常分为几个主要部分。

1. 固定成本

这类成本不会随业务量的变化而变化。它们主要包括员工的工资、企业的房租租金、生产设备等。这些成本在一段时间内是相对稳定的，无论企业销售多少产品或服务，这些费用都需要支付。

2. 可变成本

这类成本随着业务量的变化而变化。它们是企业开展实际业务后产生的成本，例如原材料的消耗、能源的消耗、营销费用等。当企业销售更多的产品或服务时，这些成本也会相应增加。

3. 规模成本

这涉及产品或服务的规模。当规模从十件、一百件、一千件到一万件变化时，其边际成本可能会逐渐降低。也就是说，随着规模的扩大，成本可以得到有效的分摊，从而实现成本降低。

4. 范围成本

当企业在原有基础上增加业务范围或渠道，但并未增加渠道成本时，可以视为范围成本的降低。这主要是通过更有效地利用现有资源或渠道来实现的。

实践应用

任务：分析商业模式画布

一、任务背景

2019 年 8 月 27 日，在上海闵行区朱建路 235 号，Costco 在中国的第一家门店正式开业。虽然这一天是周二，一个普通工作日，门店地处偏僻，当天气温高达 40 ℃，但这些都无法阻挡消费者的购物脚步。

Costco（开市客），是芒格"到死都不会卖"的神奇超市，是贝索斯眼中最值得学习的零售商，是对雷军创办小米影响深远的企业。它自 1976 年诞生，已有 46 年历史的传统业态，是仓储会员店的鼻祖，全球第三大零售商，它在全球 11 个国家和地区开设了 828 家店，有大约 3700 个 SKU。它的付费会员超过 1 亿人。它是近十年美国零售企业中除了亚马逊以外市值增长最快的公司，跨越了美国多轮经济周期，无惧电商竞争。Costco 的商业模式，不跟用户争利，不靠赚差价盈利，值得大家反复研究。

资料来源：1. https://baijiahao.baidu.com/s?id=1732147442635005970&wfr=spider&for=pc.
2. https://baijiahao.baidu.com/s?id=1752838768715453404&wfr=spider&for=pc.

二、任务布置

（1）请你想一想为什么一家超市开业能够如此火爆。
（2）简述 Costco 的商业模式的过人之处。

三、任务分析

下面利用商业模式画布来分析 Costco 商业模式的特点。

（一）价值主张

Costco 商业模式的价值主张主要体现在提供低价格、高品质的商品、极致的服务体验和以会员制为核心的商业模式上。Costco 核心价值主张是坚持提供低价格、高品质的商品，它通过大规模采购、自有品牌、简单的店面设计和限制商品种类等方式来降低成本，同时，Costco 对商品的品质进行严格把控，确保所售商品都符合高品质标准。Costco注重提供优质的售后服务、便捷的购物体验以满足消费者的需求。通过会员制度更好地了解消费者的需求和习惯，从而进一步优化商品结构和服务内容，增强了与消费者之间的紧密联系。

（二）客户细分及客户关系

在客户细分方面，Costco 主要依据客户的消费习惯和购买力进行划分。它主要吸引了那些追求高品质、低价格商品的消费者，尤其是那些愿意为会员制付费，以享受更多优惠和服务的忠实顾客。这些客户通常具有稳定的收入和较高的购买力，对价格敏感但同时又追求品质。此外，Costco 还通过大数据分析，对客户的购物行为进行深入研究，以便更精准地了解客户需求，进一步优化商品结构并提升客户满意度。

在客户关系方面，Costco 采取了多种策略。首先，它通过提供高品质的商品和优质的服务，赢得了客户的信任和忠诚。Costco 的商品种类丰富，且价格相对较低，同时它还提供了完善的售后服务，使客户在购买和使用商品过程中都能感受到良好的体验。其次，Costco 的会员制模式也有助于增强客户关系。会员可以享受到更多的优惠和服务，这增加了客户的黏性，使他们更愿意长期在 Costco 购物。最后，Costco 还通过社交媒体、电子邮件等方式与客户保持密切联系，及时向客户推送优惠信息、新品介绍等内容，增加客户的参与感和归属感。

（三）收入来源

Costco 商业模式的收入来源主要体现为商品销售收入和会员费收入两个方面。Costco 通过大规模采购和自有品牌的方式，实现了低成本的商品采购，并通过简洁高效的运营方式，将商品以相对较低的价格销售给消费者。尽管其商品销售的毛利率相对较低，但由于其巨大的销售量和高效的库存管理，使得商品销售收入成为其重要的盈利来源。Costco 实行会员制，消费者需要支付一定的会员费才能享受到其提供的购物服务。会员费收入不仅为 Costco 提供了稳定的收入来源，还帮助其在一定程度上锁定消费者，提高消费者的忠诚度。虽然会员费收入在 Costco 总收入中的占比相对较小，但其对净利润的贡献却非常显著。在许多年份中，会员费几乎贡献了 Costco 的全部净利润。这种独特的盈利模式使得 Costco 能够在保持低价格、高品质的商品销售的同时，实现稳定的盈利。

（四）渠道通路

Costco 的渠道战略主要包括与供应商建立长期合作伙伴关系、直接采购、自有品牌等方式，以确保其商品的品质和价格具有竞争力，同时为消费者提供更好的购物体验。另外，Costco 注重线上与线下的融合。它拥有大量的实体店，在全球范围内广泛布局，这使得消费者能够亲身体验并购买到商品。同时，Costco 也大力发展线上业务，通过官方网站和移动应用程序，消费者可以方便地在线浏览、购买商品，并享受快速的配送服务。

（五）核心资源和关键业务

在核心资源方面，Costco 拥有强大的采购能力，能够以更低的价格采购到优质的商品，从而为消费者提供更具性价比的产品。Costco 注重自有品牌的开发，通过推出自有品牌产品，不仅能够降低采购成本，还能够提升品牌认知度和忠诚度。此外，会员制度是 Costco 商业模式的核心。Costco 通过提供高品质的商品和服务，吸引消费者成为会员，并通过会员费实现盈利。这种模式使得 Costco 能够保持商品的低价，同时确保公司的稳定收益。庞大的仓储式零售店面也是 Costco 的重要资源。这些店面不仅提供了丰富的商品选择，还为消费者创造了舒适的购物环境。Costco 的店面设计简单实用，商品陈列清晰明了，方便消费者快速找到所需商品。

在关键业务方面，Costco 主要关注于商品采购、库存管理、销售和会员服务。通过精细化的商品采购和库存管理，Costco 能够确保商品的品质和供应稳定性。同时，Costco 注重提升销售效率和顾客体验，通过优化购物流程、提供便捷的支付方式以及优质的售后服务，满足消费者的需求。此外，Costco 还积极开展会员服务，通过提供个性化的推荐、优惠活动和会员专享权益，增强会员的忠诚度和黏性。

（六）重要合作

Costco 商业模式的重要合作涵盖了供应商、物流服务商、技术合作伙伴等多个方面。这些伙伴的共同支持和合作，为 Costco 的业务发展提供了有力保障。Costco 与全球各地的优质供应商建立了长期稳定的合作关系。这些供应商为 Costco 提供了丰富多样的商品选择，确保了商品的高品质和合理价格。Costco 还与物流、仓储和配送服务提供商等合作伙伴保持紧密合作。这些合作伙伴负责将商品从供应商处运输到 Costco 的仓储中心，并确保商品流通的高效性和准确性，提升顾客满意度。此外，Costco 还积极与科技公司、数据分析机构等合作，利用先进的技术手段提升业务运营效率。

（七）成本结构

Costco 通过优化选址、大批量采购、低毛利率策略、高效的库存管理和控制可变成本等方式，构建了具有竞争力的成本结构，使得其能够以较低的价格提供优质的商品和服务，从而吸引大量的会员并保持稳定的盈利。

总之，Costco 是一家连锁会员制大型仓储量贩超市，以低价、严选和会员制为核心的商业模式，值得深入研究。

四、任务拓展

（一）活动形式

以 5～8 人组建小组开展活动。

（二）活动要求

360 安全卫士、360 浏览器等网络产品都出自北京奇虎科技有限公司。奇虎科技有限公司创立于 2005 年 9 月，是中国领先的互联网安全软件与互联网服务公司，主营以 360 杀毒为代表的免费网络安全平台和 360 安全大脑等业务。该公司主要依靠在线广告、游戏、互联网和增值服务等业务创收。曾先后获得过鼎晖创投、红杉资本、高原资本、红点投资、Matrix、IDG 等风险投资商总额高达数千万美元的联合投资。2011 年 3 月 30 日奇虎 360 公司正式在纽约证券交易所挂牌交易，证券代码为"QIHU"。请收集关于奇虎科技有限公司的相关信息并利用商业模式画布分析其商业模式。

（三）活动步骤

（1）客户细分：

_____

_____

_____

（2）价值主张：

_____

_____

_____

（3）渠道通路：

_____

_____

_____

（4）客户关系：

_____

_____

_____

（5）收入来源：

_____

_____

_____

（6）核心资源：

_____

_____

_____

（7）关键业务：

_____

_____

_____

（8）重要合作：

_____

_____

_____

（9）成本结构：

_____

_____

_____

（四）活动总结及讨论

总结奇虎科技有限公司商业模式的特点，谈一谈哪些商业模式的想法可以用到你的创业项目中。

_____

_____

_____

_____

◎ 思政园地

"企业家"这一概念由法国经济学家理查德·坎蒂隆（Richard Cantillon）在 1800 年首次提出，强调企业家能够使经济资源的效率由低转高，通过他们的努力和创新，推动经济的发展和社会的进步。"企业家精神"指企业家组织建立和经营管理企业的综合才能的表述方式，它是一种重要而特殊的无形生产要素。"企业家精神"是推动市场经济发展的重要力量，它有助于促进就业和经济增长，提高自我价值，推动社会进步。2021年 9 月，"企业家精神"被纳入第一批中国共产党人精神谱系的伟大精神。

资料来源：根据公开资料整理。

主题三　形成方案——商业计划书

▶ 学习目标

1. 了解商业计划书的内涵、作用及主要内容。
2. 明确商业计划书写作的注意事项。
3. 能够完成一份商业计划书。

引 导 案 例

某创新型科技公司致力于开发一款具有颠覆性的智能家居产品。公司团队具备丰富的技术背景和深厚的市场洞察力，但由于缺乏资金，项目的研发和推广进程受到了严重阻碍。因此，公司创始人决定寻找投资人以推动项目的进一步发展。

在寻找投资人的过程中，创始人深知商业计划书是展示公司价值、吸引投资人关注的关键工具。他投入大量时间和精力，精心撰写了一份详尽的商业计划书。这份计划书不仅包含了公司的基本信息、市场定位、产品特点等，还深入分析了行业趋势、竞争对手情况和公司的盈利模式等。此外，创始人还通过图表、数据等可视化手段，使得商业计划书更加生动、易于理解。

凭借这份高质量的商业计划书，创始人成功吸引了多位投资人的关注。在与投资人的初步沟通中，商业计划书成为双方交流的重要依据。投资人通过计划书对公司的业务模式、市场前景等有了更深入的了解，并对创始人的团队能力、市场洞察力等给予了高度评价。

在后续的谈判中，商业计划书也发挥了关键作用。它帮助创始人清晰地阐述了公司的融资需求、资金使用计划和预期回报等关键信息，使得投资人能够更加明确地了解投资的风险和收益。最终，在双方充分沟通和协商的基础上，公司成功获得了投资人的资金支持。

资料来源：根据公开资料整理。

案例简评：商业计划书是制定企业发展策略的重要工具之一，它是企业创业者和投资者之间进行沟通的桥梁。商业计划书的主要目的在于提供一个清晰的经营方案，帮助企业的管理层对企业的未来发展做出明智的决策，同时可以吸引投资者投资。一份好的商业计划书不仅能让企业顺利起步，还必须能够持续推进企业的发展步伐，并为企业赢取更大的商业成功带来可靠的策略保障。

知识准备

一、商业计划书的内涵

商业计划书又称创业计划书，源自英文"business plan"。商业计划书是一份全面、详细地阐述企业经营管理、市场营销、财务规划等各个方面的综合性文件。它不仅是对企业未来发展的规划和预测，更是向投资人、合作伙伴等外部利益相关者展示企业价值和潜力的重要工具。

二、商业计划书的作用

（一）全面科学做出评价

商业计划书不仅是向外部展示的工具，也是企业内部发展规划的重要依据。它帮助企业明确自身的市场定位、竞争优势和发展目标，为企业的战略制定和日常运营提供指导。通过制定商业计划书，企业可以更加清晰地认识到自身的优势和不足，从而制定更加合理的发展策略。商业计划书所蕴藏的新机遇和前瞻性规划，为企业提供了应对市场变化和挑战的有力武器。通过认真制定和执行商业计划书，企业可以抢在情况恶化之前应对可能出现的偏差，并有足够的时间为未来做打算，实现持续、稳健的发展。

（二）实现企业融资目的

商业计划书是创业者向投资人展示企业潜力和价值的关键工具。通过详细阐述企业的商业模式、市场前景、财务预测等信息，商业计划书能够吸引投资人的兴趣，并促使他们考虑投资。对于初创企业或者寻求扩展的企业来说，获得投资资金是实现业务目标的关键一步。

（三）向合作伙伴提供信息

商业计划书是介绍公司和项目运作情况、阐述产品市场及竞争、风险等未来发展前景和融资要求的书面材料，可以为业务合作伙伴和其他机构提供信息，实现多方联动，使企业充满活力。一份专业、严谨的商业计划书能够提升企业的信誉和形象。它向外界展示了企业的认真态度和专业能力，有助于树立企业的良好形象。

三、商业计划书的主要内容

（一）封面与目录

包括商业计划书的标题、公司名称、日期以及目录，便于读者快速浏览计划书的整体结构。

（二）摘要

简要概述整个商业计划书的要点，包括企业简介、产品或服务描述、市场分析、竞争优势、运营策略、财务预测等。摘要应简洁明了，引人入胜。

（三）公司介绍

主要详细介绍企业的背景、历史、使命、愿景、核心价值观。此外，还应阐述企业的组织架构、关键团队成员及其职责。

（四）产品或服务

详细描述企业的产品或服务，包括特点、优势、定价策略和市场定位。同时，分析产品或服务的生命周期，预测未来的发展趋势。

（五）市场分析

对目标市场进行深入分析，包括市场规模、增长趋势、竞争格局、目标客户群体。通过市场调研，了解消费者的需求和偏好，为企业的市场定位和产品策略提供依据。

（六）营销策略

主要阐述企业的营销策略，包括品牌推广、渠道建设、促销活动和客户关系管理等。分析不同营销渠道的优缺点，选择最适合企业的营销方式。

（七）运营计划

详细描述企业的生产、供应链、人力资源和设施等方面的规划。明确企业的运营流程，确保生产效率和产品质量。

（八）组织与管理

阐述企业的组织架构、管理团队以及员工招聘与培训计划。强调企业的管理理念和团队协作精神，展示企业的管理实力。

（九）财务预测与分析

为企业提供的财务报表主要包括利润表、资产负债表和现金流量表。预测企业未来的收入、成本、利润和资金需求，评估企业的盈利能力和风险水平。

（十）风险评估与应对策略

分析企业可能面临的市场风险、技术风险、竞争风险和财务风险等，并制定相应的应对策略。展示企业对风险的认知和应对能力，增强投资者的信心。

（十一）附录

包括相关的市场调研报告、合同文件、技术资料和其他支持材料。这些资料有助于读者更深入地了解企业的实际情况和发展前景。

四、商业计划书书写时的注意事项

（一）真实可信

商业计划书的内容要真实可信，注意用事例和数据说话，不使用含糊不清或无确定依据的陈述和表格。

（二）简洁明了

商业计划并不是写得越多越好，而是要把握好关键点，避免浮夸性的语言，以及不切实际的目标。

（三）关注退出机制

如何退出是投资商最关心的问题。创业者不仅是拿到投资人的钱，还要明确投资人怎样退出，以及如何在企业运营过程中去保障投资者的利益。

（四）动态调整

市场与环境随时在变，创业者的想法也在变，所以，商业计划书是动态的，在形成过程中需不断加入新元素，这样更能得到投资者的持续关注。

实践应用

任务：学习撰写商业计划书

一、任务背景

邢台锦倍思宠物视频销售有限公司是河北正定师范高等专科学校 2021 届毕业生关

锦皓同学在校期间成立的一家宠物食品销售公司。该公司专注宠物健康，是集宠物营养品研发、生产、销售于一体的宠物食品销售有限公司,公司成立于2021年10月20日,注册资金300万元。公司创始人关锦皓出生于素有"中国宠物食品之乡"之称的邢台南和县。该项目荣获河北省第九届"互联网＋"创新创业大赛一等奖。可查看本书相关链接获取该项目的商业计划书介绍和目录部分，了解商业计划书的写作结构和内容。

商业计划书案例

二、任务布置

请结合案例中的商业计划书，思考一份商业计划书应包括哪些关键要素，应该注意哪些问题。

三、任务分析

撰写商业计划书应该遵循"6C"原则。"6C"原则涵盖了商业计划书的关键要素，普遍运用于商业和市场营销领域中。"6C"原则虽然不是商业计划书写作的绝对标准，但有助于创业者系统地规划和呈现其商业想法。

1. Concept（概念）

清晰阐述创业者的商业模式、产品或服务的核心概念。让读者迅速理解创业者的业务是什么，以及它如何满足市场需求。

2. Customers（顾客）

定义创业者的目标客户群体，包括他们的需求、偏好和购买行为。分析市场细分，确定创业者的竞争优势和差异化策略。

3. Competitors（竞争者）

评估创业者的竞争对手，包括他们的产品、价格、市场份额和营销策略。分析创业者的竞争优势和劣势，制定应对策略。

4. Capabilities（能力）

展示创业者的团队、技术和资源，以及创业者如何能够成功执行商业计划。强调创业者的核心竞争力，包括技术创新能力、品牌影响力等。

5. Capital（资本）

说明创业者的资金需求、融资计划和资金用途。展示创业者对财务管理的重视和计划，包括预算、盈利预测和现金流预测。

6. Continuation（持续经营）

描述创业者的长期发展规划和愿景。分析市场趋势和潜在风险，制定应对策略以确保业务的可持续发展。

除了关注这些关键要素，在撰写商业计划书时，创业者还应注意以下几点：

一是结构清晰。确保商业计划书逻辑清晰、层次分明，便于读者理解。二是数据支持。用具体的数据和事实来支持创业者的分析和预测，增加说服力。三是突出重点。避免冗长和无关紧要的细节，突出创业者的核心优势和亮点。四是诚实客观。在描述市场、竞争和自身能力时保持诚实和客观，避免夸大其词。五是记得在撰写完成后仔细校对和修改，确保商业计划书的专业性和准确性。

四、任务拓展

（一）活动形式

以 5~8 人组建小组开展活动。

（二）活动要求

根据自己的创意项目，撰写一分商业计划书。

（三）活动步骤

（1）选定项目。

_____

_____

_____

（2）根据商业计划书撰写"6C"原则，思考项目相关内容。

概念（Concept）：

_____

_____

顾客（Customers）：

_____

_____

竞争者（Competitors）：

_____

_____

能力（Capabilities）：

_____

_____

_____

资本（Capital）：

_____
_____
_____

持续经营（Continuation）：

_____
_____
_____

（3）根据商业计划书的模板和相关要素撰写计划书。

_____
_____
_____

（四）活动总结及讨论

（1）请老师和创业成功人士指导修改商业计划书。

（2）小组复盘并重新修订商业计划书。

◎ 思政园地

《中国消费者协会2004年主题"讲信、维权"宣传提纲》解释了诚信的主要涵义：就是要求经营者及市场中介机构，在市场活动中，以诚实信用原则作为基本的商业首先标准和根本的行为准则，商业诚信是商德之魂。在商业世界中建立诚信，应注意以下几点：一是向客户和合作伙伴解释你的业务模式、商业计划和预期收益等详细信息，确保向客户提供足够的信息，让他们能够了解你的业务。二是想在商业世界中建立诚信，就必须尊重客户和合作伙伴。对客户的意见和需求，应尊重并尽力满足。对于客户的投诉和反馈给予积极的回应，并采取行动解决问题。

资料来源：http://www.315.org.cn/html/2012031122463683.html.

模块 八

检验新成果

【背景描述】

项目成果的转化是检验成果形成的关键点，具有重要的意义。将科技成果转化为生产力，可以提高技术水平，推动科技的进步和发展。通过转化科技成果，可以增强国家的创新能力，提高国家在科技领域的国际竞争力，同时，可以培养科技人才，储备技术资源，为未来的科技发展提供人才和技术支持。

主题一 项目转化——科技成果转化

学习目标

1. 了解科技成果转化的概念与方式。
2. 了解国家对科技成果转化的鼓励政策。
3. 明晰科技成果转化的路径。

引导案例

浙江大学"Goprint——智能打印机先行者"项目

在大学生创新创业大赛成果展上，一排排手办小人从打印机里快速"诞生"，许多人看到"Goprint——智能打印机先行者"后都不禁感慨。当时还是浙江大学电子科学与技术专业本科生的陈天润在宿舍里与同学们探讨，能不能让打印机在各种介质上进行打印，实现移动化？能不能通过技术手段，降低 3D 打印的成本？以此为发端，陈天润和同学们开始研发"Goprint——智能打印机先行者"，并凭借此项目斩获第七届中国国际"互联网+"大学生创新创业大赛季军。陈天润介绍："我们的核心技术有两方面，一是数字打印相关技术，即如何把数字文件变成机器可执行的指令；二是我们控制打印质量的方法，比如精确的定位、颜色的呈现等。"

2021 年，陈天润创办魔芯（湖州）科技有限公司，在学校支持、专家指导、业界校友的帮助下，产品实现大规模生产。3D 打印机系列产品累计营收数千万元，在美国、日本等十几个国家和地区发售。随后，陈天润成为浙江大学计算机科学与技术学院直博研究生。陈天润坦言，与博士期间的科研任务相比，创业要难很多，一路走来遇到了各种各样的难题。比如 3D 打印技术涉及跨专业知识，他和舍友自学了很多本专业之外的知识，还把宿舍的空床变成了搭建原型机的工作台。创业过程中，还需要解决产品量产、产品稳定性，以及如何降低生产成本和操作门槛等问题。他表示，公司发展需要资金，除了融资筹钱外，他们也获得了政府部门的支持。

资料来源：https://baijiahao.baidu.com/s?id=1762755571538977063&wfr=spider&for=pc.

案例简评：陈天润和他的团队通过努力，成功研发出具有实用价值的科技成果——智能 3D 打印机。这一成果不仅实现了数字文件到机器可执行指令的转换，还通过精确的定位和颜色呈现等方法，提升了打印质量，满足了市场对于高效、便捷、高质量打印的需求。这一科技成果在后续得到了进一步的试验、开发、应用和推广。陈天润不仅将这一成果从实验室带到了市场，创办了魔芯（湖州）科技有限公司，实现了 3D 打印机的大规模生产，还将产品推向了全球市场，累计营收数千万元。科技成果得到了深度再开发和应用，形成了新产品，并推动了新产业的发展。

科技成果转化是实现从科学到技术、从技术到经济的过程，是支撑经济高质量发展的"关键环节"。陈天润的创业案例，为大家呈现出科技成果的研发、试验、开发、应用、推广以及产业化等多个阶段，体现了科技成果转化的全过程。科技成果在政府与服务机构的推动下，由科研团队向企业流动，实现了科技成果所有权和使用权的转移。科技成果在团队内部得到了深度再开发和应用，经过小试、中试、产品化、商品化和产业化等阶段，实现了从科学到技术、从技术到经济的转化过程。同时，科技成果转化在推动社会经济发展、提升人民生活水平方面起着重要的作用。

知识准备

一、科技成果转化的概念

科技成果是指通过科学研究与技术开发所产生的具有实用价值的成果。科技成果转化指为提高生产力水平而对科技成果所进行的后续试验、开发、应用、推广直至形成新技术、新工艺、新材料、新产品，发展新产业等活动。就字面意思来说，科技成果转化包括科技成果的"转"和"化"，也就是应用技术成果的流动与演化的过程（图 8.1）。

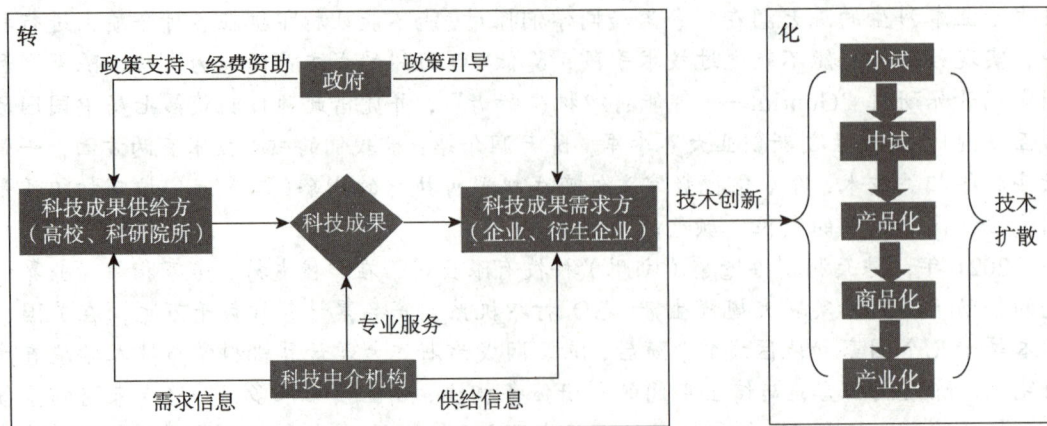

图 8.1 科技成果转化示意

二、科技成果转化方式

根据《中华人民共和国促进科技成果转化法》第十六条，常见的科技成果转化方式包括以下六种。

（一）自行投资实施转化

自行转化是指科技成果的所有者（或持有者，下同）自行开展科技成果转化。例如，科研院所或院校等市场主体在没有外部企业参与的情况下，独立将其研发的科技成果应用于本单位科研生产活动，比较常见的方式是校办企业，如清华同方、北大方正、复旦光华等。

（二）向他人转让该科技成果

成果转让指科技成果所有人将科技成果转让给科技成果受让人，由受让人对科技成果实施转化。双方一般通过签署知识产权转让协议来实施，交易标的是科技成果中的知识产权，既可以是专利权、专利申请权、软件著作权等，也可以是技术秘密等形式。

科技成果转让后，转让方获得转让费，不再是科技成果的所有人；受让方支付转让费给转让方，并成为科技成果的新的所有人。

转让协议一般要将拟转让成果的内容、范围界定清楚，对双方的权利义务事先进行约定。转让价格往往是双方谈判的焦点，而价格的确定及其支付方式与拟转让科技成果的技术先进性、成熟度、市场预测、经济效益前景、收益周期长短、投资风险大小等密切相关，交易各方一般要对拟交易的成果进行分析评估，并达成共识。

（三）许可他人使用该科技成果

许可使用指通过订立许可合同，科技成果所有人向被许可人授予科技成果的使用权，被许可人从而获得实施科技成果的权利。著作权、专利实施和商标都可以进行许可使用。与转让科技成果相比较，许可科技成果后，科技成果的所有人没有发生变化。

具体而言，许可又分为普通许可、独占许可、排他许可、从属许可等多种方式。根据实际情况，科技成果许可费有多种支付方式。其中，"入门费+提成费"是常见的支付方式，而提成又可以分为产值提成、利润提成等方式。

（四）以该科技成果作为合作条件，与他人共同实施转化

合作转化即科技成果所有人与相关单位订立合作协议，发挥各自优势，共同转化科技成果，并明确双方合作的责权利机制。常见做法是，由高校院所提供具有较高技术先进性但成熟度不足的早期科技成果，充分发挥科研、人才优势，负责持续研发。由企业发挥资金、市场优势，负责提供中试熟化、生产线、实验场地等条件，围绕目标客户需求，开展后续试验、产品试制与定型、工艺开发，负责市场推广。

（五）以该科技成果作价投资，折算股份或者出资比例

作价投资是指科技成果所有人将科技成果作为资本投入企业，由入股的企业实施转

化，科技成果的所有人成为企业股东，承担相关风险，获得转化收益。科技成果作价投资完成实缴后，入股的企业变更为科技成果的新的所有人。科技成果作价投资，既可以是与相关合作方新组建企业（合作方等投入现金），也可以是投资到原本存在的企业。

与上述第四种转化方式相比较而言，科技成果转化所有人直接成为企业股东，获得企业股东的各项权益，并以股东身份分享企业转化科技成果所取得的后续收益。对于高校院所取得的重大技术突破、具有广泛应用前景的重点科技成果，通过作价投资方式与合作单位、社会资本等结合实施转化，能够为科技成果所有人持续获得未来长远的市场收益提供保障。

（六）其他协商确定的方式

本质上而言，科技成果转化并没有固定的方式和途径，既可以是上述方式的组合，也可以是其他符合实际需要的任何方式。

此外，上述所列的各种方式只是实施科技成果转化的途径，即使履行上述方式（例如签订了转让合同、许可合同、实施了作价入股等），也不意味着科技成果就实现了转化。科技成果最终是否成功实现了转化，应以该项成果是否最终"形成了新技术、新工艺、新材料、新产品，发展新产业"为根本依据。

资料来源：https://mp.weixin.qq.com/s?__biz=MzA4NDAyMjY4NA==&mid=2449021970&idx=1&sn=dd77f18d04822d25389c4c6315cac69e&chksm=8be038e1bc97b1f7b7ce6487e64638d0b6f922c3249e9c772af5a51e3bbfeceb5c990f8ade18&scene=27.

三、国家鼓励政策

为促进科技成果转化，政府出台一系列政策法规，内容涵盖财政投入、税收优惠、人才评价、金融支持、政府采购和军民科技融合六个方面。

（一）财政投入

财政部、科技部于 2011 年印发《国家科技成果转化引导基金管理暂行办法》，其中第二条规定：转化基金主要用于支持转化利用财政资金形成的科技成果，包括国家（行业、部门）科技计划（专项、项目）、地方科技计划（专项、项目）及其他事业单位产生的新技术、新产品、新工艺、新材料、新装置及其系统等。

（二）税收优惠

根据我国现有的税收法律法规及相关政策，与科技成果转化有关的税收优惠，主要涵盖科技人员、科研机构与高等学校、国家大学科技园与科技企业孵化器、企业等多个方面。例如，科技人员因对完成、转化职务科技成果做出重要贡献获得股份、出资比例时，暂不缴纳个人所得税；科研机构、高等学校的技术转让收入免征营业税；国家大学科技园、科技企业孵化器自用以及提供给孵化企业使用的房产、土地，免征房产税和城镇土地使用税；企业符合条件的技术转让所得，可以免征、减征企业所得税。

（三）人才评价

我国在 2012 年出台了《中共中央、国务院关于深化科技体制改革加快国家创新体系建设的意见》。《意见》中就建立以科研能力和创新成果等为导向的科技人才评价标准也作出了明确的规定。一些地方近些年也陆续出台各种政策对人才评价作了积极的探索。

（四）金融支持

《促进科技和金融结合试点实施方案》中规定，引导银行业金融机构加大对科技型中小企业的信贷支持。该方案还提出了一系列具体的政策措施，如优化信贷结构、创新金融产品、完善风险分担机制等，以进一步加大对科技型中小企业的支持力度。这些措施的实施，将有助于提升科技型中小企业的融资能力，推动其快速发展，为我国的科技创新和经济发展注入新的动力。

（五）政府采购

《科学技术进步法》旨在促进科学技术进步，发挥科学技术作为第一生产力的作用，推动科学技术为经济建设和社会发展服务。该法明确国家坚持科学发展观，实施科教兴国战略，并鼓励科学探索和技术创新，保护科学技术人员的合法权益。同时国家出台了《实施〈国家中长期科学和技术发展规划纲要（2006—2020 年）〉若干配套政策》，该配套政策提出了一系列具体的措施，如大幅度增加科技投入、优化财政科技投入结构、发挥财政资金对激励企业自主创新的引导作用等，以支持科技成果的转化和应用。

（六）军民科技融合

2022 年出台的《关于推动国防科技工业军民融合深度发展的意见》对推动国防科技工业军民融合深度发展作出全面部署。该意见明确规定了促进军民技术相互支撑、有效转化，推动完善国防科技工业科技成果管理制度，加大军用技术推广支持力度等相关内容。该意见对提升中国特色先进国防科技工业水平、支撑国防军队建设、推动科学技术进步、服务经济社会发展具有重要意义。

资料来源：1. https://zhuanlan.zhihu.com/p/650662525.

2. http://www.milin.gov.cn/zfxxgkpt/c106770/202201/2d1120383ef34f8e8f37f48a798d8cbb.shtml.

实践应用

任务：了解科技成果转化模式

一、任务背景

2017 年 8 月 10 日，《中国知识产权报》报道，同济大学王占山团队自主研发的"高性能激光薄膜器件及装备"技术成果的 6 件发明专利，以 3800 万元的价格转让给润坤（上海）光学科技有限公司（以下简称润坤光学）。

十年前，王占山团队为解决我国高功率激光器核心技术和关键工艺长期被国外进口产品垄断的问题，承担了关键部件——高性能 Pick-off 镜的研制工作。经过两年的攻关，研究团队将高性能激光薄膜器件的损伤阈值提高了一个数量级，激光薄膜器件质量大幅提升，但在与企业沟通该成果的转化时，企业认为没法投入生产，因为生产工艺还不能做到可控。为此，研发团队进一步深化基础研究，从 2009 年起用了六年时间，基本实现了生产工艺的完全可控。即为满足高中低端市场需求，设计不同档次、不同质量的产品指标，提供相应的技术方案，使生产成本可控。为了减轻企业前期投入的压力，同济大学采用分期付款的方式，企业先支付 60% 的转让款，剩下的 40% 两年内付清。

润坤光学没有设立自己的研发部门，也没有实施该成果转化的基础和条件。为支持润坤光学转化该成果，同济大学提供全流程的技术服务：第一年，帮助企业购买生产设备、搭建生产线、培养技术人才；第二年，在技术人才到位后，提供技术指导；随后一年，以校企合作的方式继续开展科研合作；在五年内，润坤光学再向同济大学投入 2000万元，把研发部门建在同济大学，并将研发任务放到同济大学实验室进行。该成果的交易依托上海张江高校协同创新研究院，形成"企业+高校+独立的技术转移服务机构"的"三位一体"技术转移模式。同济大学与润坤光学共建同济润坤精密光学创新研究中心（以下简称研究中心），同济大学出人，主要目的是培养人才，润坤光学按需要投入资金，主要目的是研制产品；同济大学帮助企业选购设备，其产权归企业所有。研究中心以任务包形式承接科研任务，取得的知识产权双方共享。

资料来源：https://www.sohu.com/a/524219884_777213.

二、任务布置

请围绕企业主体、转化方式、科技成果成熟度、技术转让价格、转让费支付、技术指导与服务、共建研发中心、技术转移服务 8 个维度分析其技术成果转化模式。

三、任务分析

（一）企业主体

润坤光学成立于 2016 年 8 月，注册资本为人民币 5000 万元，一年后以 3800 万元的价格从同济大学受让高性能激光薄膜器件及装备技术成果。润坤光学作为新成立的企业，缺乏转化成果的技术基础和人才基础。据了解，润坤光学是由润坤投资控股公司投资成立的，其创始人是退伍军人，曾经从事房地产业务，实现了原始积累。他意识到，房地产的机会不多，打算投资发展高科技产业，于是与同济大学建立了合作关系。从公司名称及成立时间看，润坤光学就是专门为受让同济大学的科技成果而成立。润坤光学拥有 6 项授权发明专利（从同济大学受让取得），4 项实审公开发明专利，3 项软件著作权等。

（二）转化方式

该案例中并没有选择科技成果许可使用或科技成果作价投资的方式。如果选择作价投资，同济大学占有股权，根据同济大学的规定，必须将股权的 70% 奖励给科研团队。

科研团队成员取得股权，就要参与到润坤光学的经营中去，就不能全身心地投入教学、科研中。一旦因公司上市获得了巨大的收益，研发团队就难以安心搞科研，从而影响团队的稳定。如果选择许可使用，润坤光学不能取得知识产权，就不能申请高新技术企业认定，也不能享受国家和地方相关扶持政策，因而不利于润坤光学的健康发展。可见，科技成果转让是双方均可接受的方式。

（三）科技成果成熟度

王占山团队研制成功高性能 Pick-off 镜，"将高性能激光薄膜器件的损伤阈值提高了一个数量级"，该成果就比较成熟了，就可以进行转化了，为何还要继续进行工艺研究，实现生产工艺完全可控？这是因为，进一步提高成果的成熟度和商业价值，核心是降低生产成本。如果一件产品容易损坏，既导致成本难以控制，也导致其市场空间很有限，结果是其商业价值大打折扣，进而降低其转化价值。为此，团队花了六年的时间，深化工艺研究，努力做到产品的生产成本与产品质量、产品的使用寿命直接挂钩。产品质量越高、使用寿命越长，售价也将越高，利润也就越高，反之则相反。这就使企业可根据市场需求提供不同规格的产品。

（四）技术转让价格

本案例成果极具转化价值和商业前景，载体是由 6 项授权发明专利组成的专利组合，技术内容包括高功率激光薄膜组成及结构、制备方法、检测方法等。经过评估，该知识产权组合的转让价为 3800 万元，这是由该成果的技术效果、技术效率、技术成熟度、市场规模、知识产权的权属稳定性等法律变量综合决定的。评估报告构成了成果知识产权定价的基础，为转化双方协议定价提供了参考。

据了解，本案例中评估公司利用了比较原理、分成原理、预测原理和折现原理等，从确定专利分级率出发，用法律变量对专利分级率进行减值和加值修正，结合市场规模和知识要素贡献计算专利收益，对销售收入增长率和技术环境变化率进行预测形成数组，最后通过折现计算其商业价值。交易双方均认可评估公司采用的评估方法、评估原理和评估模型，自然也就认可其评估结果。

（五）转让费支付

本案例采取"一次性支付 60%，剩余部分在两年内付清"的支付方式。润坤光学注册资本 5000 万元，一次性支付 60% 即 2280 万元，剩下 2720 万元。润坤光学需要有足够的资金配备场地、招聘人才、购置设备、组织营销推广等，以便及时启动该成果的转化。本案例的支付方式，是基于该成果的技术成熟度高且前期进行充分沟通并达成共识而设定的。这一设定比较合理：一是减轻润坤光学现金支付压力，以便有足够的资金尽快实施成果转化；二是润坤光学对该成果的技术先进性和成熟度高度认可，在取得该成果以后，就可以及时组织产品生产和销售，并实现收入。企业因成果转化实现了收入，就可以支付剩余转让款，并实现可持续发展。

（六）技术指导与服务

润坤光学成立之初好比一张白纸，不具备从事精密光学的基本能力和必要条件，如何支持润坤光学取得这方面的能力并实施案例成果的转化？据介绍，同济大学为润坤光学实施成果转化提供全套的技术服务，包括"购买生产设备、搭建生产线、培养技术人才"等，并随着企业的生产设备和技术人才逐步到位而逐渐退出。这一进一退，企业的技术能力不断提升，确保该成果的转化有序进行，同时科研团队的主要精力转移到其他科研项目上。研究发现，一些企业之所以要求高校院所以科技成果作价入股，不只是为了减少现金投入、降低成果转化的风险，主要是希望给予科研人员股权，给科研人员戴上"金手铐"，激励科研人员全身心地投入科技成果转化，以弥补科技成果的先进性不足、成熟度不够高、高校院所技术服务不到位等问题。而在本案例中，因该成果技术成熟，加之同济大学承诺提供全套服务，从而打消了企业的顾虑。

（七）共建研发中心

润坤光学成立之初，没有成立研发部门，也不具备成立研发部门的条件。为更快更好地获得技术研发能力，其约定五年内再向同济大学投入 2000 万元共建研发中心。双方共建研发中心，对润坤光学来说，投入少，见效快，在同济大学的帮助和支持下，可更快地提升科研能力；对同济大学来说，承担企业委托的科研任务，获得了科研经费。此外，围绕企业的需求进行科研，可创造新知识，提升科研能力，更好地培养人才。

（八）技术转移服务

本案例项目成果转化中，引入了第三方机构——上海张江高校协同创新研究院。第三方机构主要承担以下几方面的专业服务：一是专利价值评估；二是寻找需求方，搭建校企沟通的桥梁；三是帮助完成专利转让手续等。上海张江高校协同创新研究院还帮助润坤光学申请到张江专项的资助。可见，专业服务机构对双方的交易和成果的转化起到了很重要的作用。

四、任务拓展

（一）活动形式

以 5～8 人组建小组开展活动。

（二）活动要求

每组从往届中国国际"互联网+"大学生创新创业大赛获奖项目中挑选一项已经完成科技成果转化的项目，查阅资料详细了解其转化情况，并从多个维度展开具体分析。

（三）活动步骤

（1）企业主体分析：

_____

_____

_____

（2）科技成果转化方式分析：

_____

_____

_____

（3）科技成果成熟度分析：

_____

_____

_____

（4）根据转化方式的不同，其他情况分析：

_____

_____

_____

（四）活动总结及讨论

通过上述分析，帮助同学们更好地了解科技成果转化的过程，并对转化中可能存在的关键问题有更加清晰的认识。

以此为依据，结合专业知识、团队特点或所在地区学校政策支持情况，进一步明确本团队科技创新的方向。

◎ 思政园地

科技兴国，人才强国。当今社会，青年大学生是国家创新创业的生力军，是国家高端人才的潜力军。近些年，国家大力举办各类大学生创新创业大赛，努力推动科技成果转化，成效显著。例如，在基础研究领域，出现了众多面向世界科技前沿的科技成果。北京航空航天大学《仿生有序交联碳化钛的制备及性能研究》团队发现并降低了高分子纳米复合材料的孔隙缺陷，颠覆了高分子纳米复合材料层层紧密堆积结构的传统认知，相关成果发表于 Science 期刊。东南大学《基于量子密钥的物联网安全系统与原型设计》团队在物联网体系中引入量子密钥服务，构建了全链路的安全防护体系。北京航空航天大学的《"冯如三号"高效超长航时无人滞空平台》项目，针对大面积区域持久巡查等场景的迫切需求展开超长航时无人滞空平台的设计研发，研究成果创造了两项国际航空联合会认证的航时世界纪录。这些技术面向国家重大需求，助力前沿技术实现新突破。

资料来源：https://mp.weixin.qq.com/s?__biz=MzUyMjQ0MjExNA==&mid=2247494821&idx=1&sn=962025c1c4ae5571e28769666d71be9b&chksm=f9c96848cebee15ec8adb45fc1c1f34e7ef67230e1fd6d2d741fc44cf0604bda6668d767dfbd&scene=27.

主题二　比赛验证——创新创业大赛

▶ 学习目标

1. 了解国家举办创新创业大赛的意义。

2. 理解大学生创新创业大赛的基本情况及流程。

3. 了解大赛的项目来源，能够挖掘优势项目参赛。

引导案例

回车科技：意念操控不是梦 Focus！

回车科技最开始做的产品是意念赛车。意念赛车是通过专门的脑电采集设备，收集使用者的脑电波信号，量化出表示大脑专心程度的专注力数值，控制轨道赛车的新型运动。该产品非常好玩，公司也从中拿到了创业过程中的第一桶金——由科技馆采购作为科普演示产品。随后，整个团队发现，产品除了在科技馆培养孩子兴趣，让人觉得脑控好玩之外，在论坛、展会、购物商场这样的商务场景也很有市场，已经有不少公司采购意念赛车来提升活动现场人气。从吸睛到人气，从好玩到有用，这是回车科技商业模式走向成熟的重要标志。产品升级也带动企业运营不断成熟，公司目前是国家高新技术企业、浙江省科技中小型企业百强，也是杭州市高新技术企业、杭州市雏鹰计划企业。

在意念赛车之后，回车科技与制造业合作伙伴共同联手，推出易休智能眼罩。据测算，我国有睡眠障碍的人群数量达到 3 亿，睡眠健康市场广阔。在技术研发过程中，回车科技发现脑电数据可以很好地反映睡眠周期，利用脑电来分析用户睡眠周期，并且通过声音来反馈刺激，帮助用户进入睡眠。在产品方面，易休智能眼罩可以实时采集使用者的脑电波，通过精准的脑电算法，结合智能音乐推送，让人快速入睡，得到最高效的放松。

智能眼罩推出后，受到市场良好反馈，同时公司还以此产品打通了海外市场。随着合作伙伴的增多，面对应用场景的多样性，回车科技意识到，仅仅依靠一家公司自身的力量是远远不够的。回车科技决定推出云平台，通过平台来实现行业赋能。目前上线的回车科技情感云平台拥有注意力、放松度、疲劳度、情绪情感等多种算法，在云平台上经过计算后，输出原始脑电波以及各情感维度数值。平台推出后，在多个领域形成落地。比如在和国家电网智能安全帽合作中，就将云平台能力应用到高危岗位人群行为监控，有效助力安全生产。

案例来源：回车科技：未来已来，在脑机接口领域探索创新（hangzhou.gov.cn）.

案例简评： 杭州回车科技荣获第五届中国国际"互联网+"大学生创新创业大赛金奖。从项目创建以来，回车科技已经完成四轮融资，团队人员超过 30 人。回顾创业历程，在项目早期，浙江大学生物工程专业的老师给予了回车科技很多技术指导，避免项目少走很多弯路。通过参加"互联网+"大赛这样的大型赛事，团队也收获了很多，一是能够在更广的平台展示企业，形成市场培育；二是收获了相关的商业合作资源，为企业后续发展铺平道路。

一、竞赛背景

党中央、国务院高度重视青年学生创新创业教育工作。习近平总书记多次指示，强调要培养学生创新精神，造就规模宏大、富有创新精神、敢于承担风险的创新创业人才队伍。李克强总理在 2015 年政府工作报告中提出"大众创业、万众创新"和"互联网+"行动计划，强调要实现"大众创业、万众创新"，核心在于激发人的创造力，尤其在于激发青年的创造力。

2015年4月10日，李克强总理视察吉林大学时，对举办中国"互联网+"大学生创新创业大赛作出重要指示。为贯彻落实李克强总理的重要指示和《国务院办公厅关于深化高等学校创新创业教育改革的实施意见》，深入实施创新驱动发展战略，促进大众创业、万众创新，教育部会同国家发展改革委、工业和信息化部、人力资源社会保障部、共青团中央和吉林省人民政府，联合举办了首届中国"互联网+"大学生创新创业大赛。目前，大赛已经成为覆盖全国所有高校、面向全体高校学生、影响最大的赛事活动之一。

资料来源：http://www.moe.gov.cn/jyb_xwfb/xw_fbh/moe_2069/xwfbh_2015n/xwfb_151012/151012_sfcl/201510/t20151010_212415.html.

二、大学生创新创业大赛介绍

（一）中国国际"互联网+"大学生创新创业大赛

中国"互联网+"大学生创新创业大赛，是由教育部、政府、各高校共同主办的一项技能大赛。大赛旨在深化高等教育综合改革，激发大学生的创造力，培养造就"大众创业、万众创新"的主力军；推动赛事成果转化，促进"互联网+"新业态形成，服务经济提质增效升级；以创新引领创业、创业带动就业，推动高校毕业生更高质量创业就业。

（二）"挑战杯"

"挑战杯"是全国大学生系列科技学术竞赛的简称，是由共青团中央、中国科协、教育部和全国学联共同主办的全国性的大学生课外学术实践竞赛，竞赛官方网站为www.tiaozhanbei.net。"挑战杯"竞赛在中国共有两个并列项目，一个是"挑战杯"中国大学生创业计划竞赛，另一个则是"挑战杯"全国大学生课外学术科技作品竞赛。这两个项目的全国竞赛交叉轮流开展，每个项目每两年举办一届。

自1989年首届竞赛举办以来，"挑战杯"竞赛始终坚持"崇尚科学、追求真知、勤奋学习、锐意创新、迎接挑战"的宗旨，在促进青年创新人才成长、深化高校素质教育、推动经济社会发展等方面发挥了积极作用，在广大高校乃至社会上产生了广泛而良好的影响，被誉为当代大学生科技创新的"奥林匹克"盛会。

（三）"创青春" 全国大学生创业大赛

"创青春"全国大学生创业大赛，是为贯彻落实习近平总书记系列重要讲话和党中央有关指示精神，适应大学生创业发展的形势需要，由共青团中央、教育部、人力资源社会保障部、中国科协、全国学联决定，自2014年起共同组织开展"创青春"全国大学生创业大赛，每两年举办一次。该比赛为青年创业者提供创业辅导、展示交流、资本对接、骨干培训，打造团组织、青年创业者、社会创服机构共创、共享、共赢的青年创新创业嘉年华，帮助众多有志青年成就了创业梦想。

三、项目来源

自首届中国"互联网+"大学生创新创业大赛开办以来，涌现出一批又一批优秀的大学生创新创业项目。结合众多大学生优秀创新创业项目分析高校优秀创新创业项目的主要来源。

（一）学生自发创意

学生往往会对某些领域或问题产生浓厚的兴趣，进而产生创新的想法。这些创意可能源于日常生活、学科学习或对社会现象的观察。在学习的过程中，通过自发创意，学生能够主动探索未知领域，提出新颖的观点和解决方案，从而推动科技进步和社会发展。例如：与学生熟悉的学习生活环境直接相关的创意，有上海交通大学的 59store 项目，北京大学的"OFO"共享单车项目，北京邮电大学的"学生圈新媒体"项目，山东师范大学的"大川乒乓"项目。

（二）科技成果转化

国家于 2015 年颁布了科技成果转化相关法律文件，2016 年，教育部与科技部联合发布了相关的细则。在国家政策的指导下，越来越多的院校重视将科研项目转化为大学生创新创业项目，形成了大学生高质量创新创业项目的重要来源。将教学、科研与大学生创新创业三合一，在促进大学生创新创业的同时，进行科研成果产业化，创造更大的价值。

（三）产教融合协同创新

学校和当地的产业紧密结合，快速地获得产业需求信息，并实现资源对接。通过大学生创新创业项目帮助当地企业转型升级，帮助当地产业与企业实现"互联网+"。例如：山东商业职业技术学院的"无水保活"项目、沈阳农业大学的"大果榛子"项目、内蒙古农业大学的"犇牛"项目、贺州学院的"瑶蓝之旅行"项目等。

（四）特色专业＋优势学科

紧密结合本校专业与学科特色，互相促进。通过创新创业，促进学校特色打造，促进特色专业与学科建设。例如：西北农林大学的"侍酒师"项目、四川大学的"云病理共享平台"项目、北京航空航天大学的"航空航天与智能装备制造"项目、河北师范大学的"子衿教育"项目、云南大学的"律品"项目等。

（五）"互联网＋"新技术

互联网是人类在技术领域的巨大进步，将重新建构世界的连接方式，重新配置社会资源，促进基于"互联网+"的技术创新与应用创新。在创新创业大赛中，出现了很多与 VR（虚拟现实）、AI（人工智能）、物联网、大数据、云计算深入结合的创新创业项目。例如：Insta360 全景相机、浙江大学的云象"区块链"项目、北京大学的"OFO"共享单车项目、华中科技大学的"诸葛 IO"项目等。

（六）师生同创

已毕业校友已经在社会各个行业走上重要的岗位，且与母校有着很深的情感，成为一个重要的大学生创新创业项目与校外导师来源。同时，本校教师有着丰富的科研、教学经验和丰富的社会资源，也会成为指导大学生创新创业项目的重要支持。

（七）电子商务创新创业

众多电子商务平台资源丰富，可以为大学生提供创新创业机会。利用电子商务平台创新创业，创业门槛相对较低，可以发挥大学生熟悉互联网的优势，帮助线下传统企业电商运营，实现线下商品资源的电子商务。电子商务平台的创新创业，适合小微创业，并能够较好地实现"通过创业带动就业"。

（八）家族产业与产权

中国越来越多的家族产业与拥有的知识产权面临传承接班问题，需要创二代们更好地发展家族事业。基于家族产业与产权传承的大学生创新创业项目，也会成为未来大学生创新创业项目的来源之一。例如，在民营经济发达的江浙地区，越来越多的家庭企业的新生代——"创二代"，实现家庭产业与互联网对接，实现升级跨越发展。

（九）政府公共采购与社会公益服务

随着国民经济增长，追求更高生活品质成为人民的广泛需求。此类市场受众群体范围广，市场空间大，且极易得到快速普及。通过创新与创意极大提升政府公共服务质量与效率，实现双赢。例如："互联网+"大赛中，陕西理工大学的"含氟水净化"项目、浙江大学的"空气洗手"项目和山东师范大学的"雨点公益"项目等，都是这方面很好的代表。

（十）"一带一路"与全球经济一体化

中国大学生的创新创业，在立足中国的同时，一定要面向世界。中国倡导的"一带一路"会带来巨大的商机，世界经济的深度融合会带来更多的全球整合资源创新创业的机会。一些具有语言与区域优势的学校可以把握这个机会。例如：对外经贸大学的"一带一路"留学生项目，新疆大学的"语言＋"项目，采用大数据技术与手机智能交互，实现信息检索，完成语音转换，搭建语言的"一带一路"。

资料来源：http://www.moe.gov.cn/srcsite/A08/s5672/202204/t20220412_616047.html.

实践应用

任务：分析商业项目

一、任务背景

馒头是我们日常生活中最常见的主食，可谁又能想到就是这看似不起眼的主食却蕴藏着无限商机？在云南，罗三长红糖馒头自 2015 年首家店开业以来，累计共销售红糖馒头 7800 万个，单日最高销量 60 万个，门店共计 136 家。该项目获得第三届"互联网+"创新创业大赛金奖，在获得金奖的 30 多个项目中，大多以高科技为主打，云南大学滇池学院大四学生罗三长的项目可谓一股"清流"。"我坚信小产品也有大市场。跟传统的小作坊、夫妻店完全不同，我们更强调互联网产品思维和追求极致的工匠精神，专注生产好吃、营养、放心的新中式系列面食。"说起自己的项目优势，罗三长充满自信。

罗三长红糖馒头选自钙、铁、叶酸含量是普通红糖数倍的云南特级无沙红糖以及口感更为筋道的特精面粉。200 余次的配比改良，500 多批次的工艺实验，不断地推倒重来，罗三长红糖馒头终于实现了松软香甜的独家味觉。单品爆红后，一个"南馒入侵"的规划图在罗三长心里逐渐清晰起来。"红糖馒头要想走向全国，就必须围绕品牌、销售、产品、管理"进行全面战略升级。"罗三长说。如今，红糖馒头推出了以罗三长本人为原型的全新品牌标识罗小馒，打造了"LOGO 馒"的人物动画、漫画、微信表情等系列形象，统一升级了所有门店、包装物料的视觉标识。与此同时，罗三长尝试开发新品种，推出针对女性、儿童等人群的细分产品。

资料来源：http://edu.people.com.cn/n1/2018/1019/c421899-30352224.html.

二、任务布置

根据大赛的要求，分析和梳理项目的情况。

三、任务分析

（一）馒头项目也有科研精神

教育部"互联网＋"中国大学生创新创业大赛评审专家组长张强表示，此次"馒头"项目之所以打动评委，让投资人眼前一亮，除了该项目已经在创造收益的原因外，还有罗三长曾自费到台湾专门学习馒头制作，以及一百多次的反复试验，"他是用科研精神在做馒头，对事业的执着和热情，打动了大家"，他把馒头打造成更受大众喜爱的产品。

（二）产品属于单价低，但有可能把数量做到很大的产品

单价低但购买频度高，需求市场持续规模可观。因此，虽然单价低，但整体利润还是可以支持项目，并可以获得一定规模的利润。

（三）接地气的创新

小项目同样可以创造一片事业空间。大学生的创业项目从身边的事情作为起点的非常多，但有没有像红糖馒头一样深入分析、工艺创新、商业模式不断突破呢？因此，从大学生身边的事情出发去创业不是不可以，但是要做深入的观察、考察、创新和突破。

（四）商业模式的突破与创新

从身边做起来的看起来不大的"小项目"，如果想做大，那一定要在商业模式上有所突破。红糖馒头的模式看起来并没有太大的突破，有直营和加盟两种常见的方式。但在红糖馒头的制作工艺上的创新，确保了其生产的标准化。这就让直营店、加盟店的产

品标准化，从而使得项目可扩张。2016 年，该项目获得全国"互联网+"大赛金奖后，推出了《全国高校 500+小馒人合伙加盟计划》，就是商业模式延伸突破的新举措。

资料来源：https://iee.csuft.edu.cn/yxzs/yxcxcyxm/201806/t20180630_78264.html.

四、任务拓展

（一）活动形式

以 5～8 人组建小组开展活动。

（二）活动要求

（1）结合教师、企业教练、学长学姐的指导，多方面考虑各种因素，选择志趣相投，能力互补的同学组建团队，然后，根据队员专长进行分工。

（2）思考和分析项目的情况（可以从以下角度进行分析，包括发展前景、市场、产品、销售、竞争、风险、收益、融资等方面内容）。

（三）活动步骤

（1）团队组建：

_____

_____

_____

（2）讨论项目情况：

_____

_____

_____

（3）撰写项目分析报告：

_____

_____

_____

（四）活动总结及讨论

通过讨论并回答，什么样的项目在比赛中更具优势？

_____

_____

◎　思政园地

中共中央总书记、国家主席、中央军委主席习近平给第三届中国"互联网＋"大学生创新创业大赛"青年红色筑梦之旅"的大学生回信。他在信中表示，得知全国 150 万名大学生参加本届大赛，其中上百支大学生创新创业团队参加了走进延安、服务革命老区的"青年红色筑梦之旅"活动，帮助老区人民脱贫致富奔小康，既取得了积极成效，又受到了思想洗礼，感到十分高兴。全国"互联网＋"大学生创新创业大赛"青年红色筑梦之旅"赛项是通过大学生创新创业项目对接革命老区经济社会发展需求，助力精准扶贫脱贫。到祖国和人民最需要的地方去，积极投身伟大事业中，不仅是对个人价值和使命的体现，更是对祖国和人民深厚情感的体现，是推动社会进步和发展的重要力量，也是个人成长和锻炼的宝贵机会。

资料来源：https://www.gov.cn/xinwen/2017-08/16/content_5217972.htm.

主题三　创办企业——初创企业的类型及申报流程

学习目标

1. 了解企业的内涵及组织形式。
2. 明悉企业登记注册的基本流程。
3. 能够根据实际初步选择企业的组织形式。

引导案例

2019年暑期，南京某学院学生金某找到多名在校学生，以1000元至1500元的"报酬"招募学生前往南京市江北新区行政审批局注册公司300余家，注册后金某收走公司的营业执照和公章。之后，来自南京多所高职院校的涉事大学生，因涉嫌诈骗被河南警方刑事拘留。

经查，在营业执照、公章等公司要件被组织者收走后，这些注册的公司涉及"灰色产业"，被人利用从事诈骗等违法犯罪行为，涉及金额巨大。江苏诺法律师事务所樊国民律师指出，就本案而言，涉事学生和家长当前能做的首先是注销相关企业的登记，避免在此期间企业继续被用来从事违法犯罪活动，同时应积极配合警方查清事实。要充分认识到个人身份信息的重要性，不出售、出借个人身份信息，否则将承担不利后果。

案例来源：9名大学生注册300家公司？涉嫌诈骗，刑拘（baidu.com）.

案例简评：以上案例中，涉案学生为了个人短期利益，出卖自己的身份信息进行公司注册，被人利用从事诈骗等违法犯罪行为，在社会产生了严重不良影响。一方面可以看出，学生法律意识不强，为获取小的利益，付出了巨大的代价。另一方面，学生对于个人注册公司的内容和意义，以及因注册公司需要承担的法律责任没有清楚的认知。不论是否创业，作为当代大学生应具有公司创建的基本常识，避免产生法律纠纷，才能更好地保障自身权益。

知识准备

一、企业的内涵

企业是从事生产、流通和服务等活动的独立的经济核算单位。它是拥有一定数量的固定资产和流动资金，依照法律进行登记，并得到批准，在银行开设账户，具有法人资格的基本经济单位。

法人是指具有一定的组织机构和独立财务，能以自己的名义进行民事活动，享有民事权利和民事义务，依照法定程序成立的组织。具有法人资格，一般应具备如下几个条件。

（1）必须正式在国家政府有关部门注册备案，完成登记手续。

（2）应有专门的名称、固定的工作地点和组织章程。

（3）具有一定的组织机构和独立财产，实行独立核算。

企业分为居民企业和非居民企业。居民企业，是指依法在中国境内成立，或者依照外国（地区）法律成立但实际管理机构在中国境内的企业。非居民企业，是指依照外国（地区）法律成立且实际管理机构不在中国境内，但在中国境内设立机构、场所的，或者在中国境内未设立机构、场所，但有来源于中国境内所得的企业。

二、企业的组织形式

企业组织形式是指企业存在的形态和类型，主要有以下三种形式。

（一）个人独资企业

由一个自然人投资，全部资产为投资人所有的营利性经济组织。其不具有法人资格，但作为独立的民事主体可以从事民事活动。

个人独资企业的特征如下。

1. 个人独资企业的出资人是一个自然人

该自然人应当具有完全民事行为能力，并且不能是法律、行政法规禁止从事营利性活动的人。

2. 个人独资企业的财产归投资人个人所有

这里的企业财产不仅包括企业成立时投资人投入的初始财产，而且包括企业存续期间积累的财产。投资人是个人独资企业财产的唯一合法所有者。

3. 投资人以其个人财产对企业债务承担无限责任

这是个人独资企业的重要特征。也就是说，当投资人申报登记的出资不足以清偿个人独资企业经营所负的债务时，投资人就必须以其个人财产甚至是家庭财产来清偿债务。

4. 个人独资企业不具有法人资格

个人独资企业虽然可以起字号，并以企业的名义进行商业活动，但在法律上，它仍然被视为自然人进行商业活动的一种特殊形态，属于自然人企业范畴。这意味着个人独资企业的所有资产和债务都归属于其唯一的投资人，即自然人投资者。

（二）合伙企业

合伙企业是由两个或两个以上的自然人通过订立合伙协议，共同出资经营、共负盈亏、共担风险的企业组织形式。合伙企业分为普通合伙企业（其中包括特殊的普通合伙企业）和有限合伙企业。普通合伙企业由普通合伙人组成，合伙人对合伙企业债务承担无限连带责任。有限合伙企业由普通合伙人和有限合伙人组成，普通合伙人对合伙企业债务承担无限连带责任，有限合伙人以其认缴的出资额为限对合伙企业债务承担责任。

合伙企业的特征如下。

1. 生命有限

合伙企业比较容易设立和解散。合伙人签订了合伙协议，就宣告合伙企业的成立。新合伙人的加入、旧合伙人的退伙、死亡、自愿清算、破产清算等均可造成原合伙企业的解散以及新合伙企业的成立。

2. 责任无限

合伙组织作为一个整体对债权人承担无限责任。按照合伙人对合伙企业的责任，合伙企业可分为普通合伙和有限合伙。普通合伙的合伙人均为普通合伙人，对合伙企业的债务承担无限连带责任。例如，甲、乙、丙三人成立的合伙企业破产时，当甲、乙已无个人资产抵偿企业所欠债务时，虽然丙已依约还清应分摊的债务，但仍有义务用其个人财产为甲、乙两人付清所欠的应分摊的合伙债务，当然此时丙对甲、乙拥有财产追索权。有限责任合伙企业由一个或几个普通合伙人和一个或几个责任有限的合伙人组成，即合伙人中至少有一个人要对企业的经营活动负无限责任，而其他合伙人只以其出资额为限对债务承担偿债责任，因而这类合伙人一般不直接参与企业经营管理活动。

3. 相互代理

合伙企业的经营活动，由合伙人共同决定，合伙人有执行和监督的权利。合伙人可以推举负责人。合伙负责人和其他人员的经营活动，由全体合伙人承担民事责任。换言之，每个合伙人代表合伙企业所发生的经济行为对所有合伙人均有约束力。因此，合伙人之间较易发生纠纷。

4. 财产共有

合伙人投入的财产，由合伙人统一管理和使用，不经其他合伙人同意，任何一位合伙人不得将合伙财产移为他用。只提供劳务，不提供资本的合伙人仅有权分享一部分利润，而无权分享合伙财产。

5. 利益共享

合伙企业在生产经营活动中所取得、积累的财产，归合伙人共有。如有亏损则亦由合伙人共同承担。损益分配的比例，应在合伙协议中明确规定；未经规定的可按合伙人出资比例分摊，或平均分摊。以劳务抵作资本的合伙人，除另有规定者外，一般不分摊损失。

（三）公司制企业

由两个以上投资人（自然人或法人）依法出资组建，有独立法人财产，自主经营，自负盈亏的法人企业。其设立时对股东人数要求不同，股东的股权表现形式也不同。有限责任公司，简称有限公司，股东以其出资额为限对公司承担责任，公司以其全部资产对公司的债务承担责任。股份有限公司，简称股份公司，其全部资本分为等额股份，股东以其所持股份为限对公司承担责任，公司以其全部资产对公司的债务承担责任。

在公司的概念中，一般包括以下4个要素。

1. 依法设立

公司是从事经营活动的法人，法人资格与经营资格的取得都需要得到国家相关行政部门的承认，符合法律规定的条件，履行法律规定的程序，取得国家相关行政部门核发的营业执照等证件。

2. 以营利为目的

股东出资组建公司的目的在于通过公司的经营活动获取利润，营利性成为公司的重要要素，并以此区别于不以营利为目的的公益法人、以行政管理为目的的国家机关以及非商事性公司。以从事行政管理为目的和主要活动内容的公司不应称为公司，因它不是严格意义上的公司。

3. 以股东投资行为为基础设立

由股东的投资行为设立，股东投资行为形成的权利是股权。股权是一种独立的特殊权利，不同于经营权等物权，亦不同于债权。

4. 独立的法人

公司须有独立的财产作为其从事经营活动的基础和承担民事责任的前提。

三、企业登记注册

根据《中华人民共和国公司法》的规定，设立公司应当依法向公司登记机关申请设立登记。依法设立的公司，由公司登记机关发给公司营业执照。很多省份开通了线上办理服务平台。例如：河北工商注册"一窗通"是河北省政府推出的一项创新服务，旨在帮助有意在河北省内开设企业的个人或企业提供一站式的服务，从而大大简化了注册过程（见图8.2）。公司营业执照应当载明公司的名称、住所、注册资本、实收资本、经营范围、法定代表人姓名等事项。

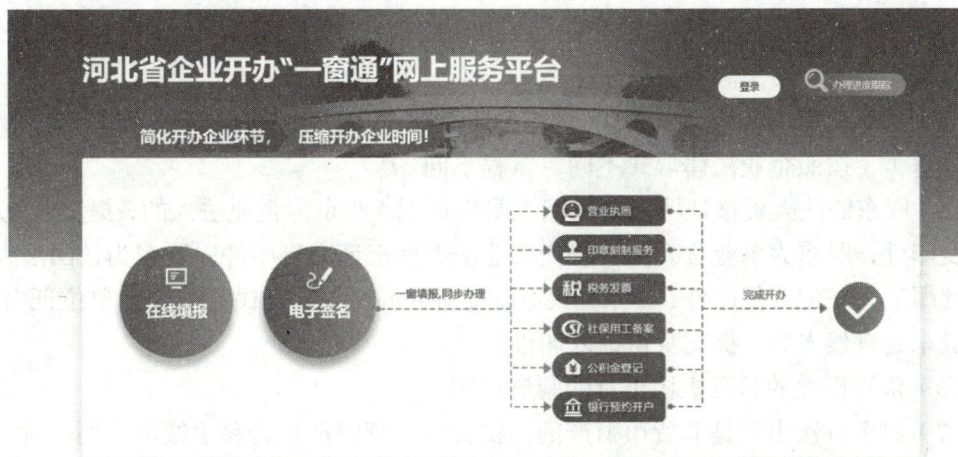

图 8.2　河北省企业开办"一窗通"网上服务平台截图

（一）注册登记基本条件

注册成为企业法人的开业者要符合以下基本条件。

1. 国家规定的开业条件

根据《工商企业登记管理条例实施细则》规定，工商企业申请登记时，应符合下列基本条件：

（1）有固定的生产经营场所和必要的设施。

（2）有固定的人员。

（3）有必要的资金。

（4）常年生产经营或季节性生产经营在 3 个月以上。

（5）有明确的生产经营范围并符合国家有关政策法令。

2. 确定企业的法律形式

注册申请人在注册登记前，首先要确定所成立企业的法律形式，可供选择的法律形式有：

（1）个人独资企业。

（2）合伙企业。

（3）有限责任公司。

（4）一人有限责任公司。

（5）股份有限公司。

3. 备齐相关的法律文件

企业法律形式不同，文件不同。以有限责任公司为例，主要文件包括：

（1）公司法定代表人签署的《公司设立登记申请书》（可在工商登记处领取）。

（2）如果是委托代理人申请设立登记，须提交股东签署的《指定代表或者共同委托代理人的证明》（股东为自然人的由本人签字，法人股东加盖公章）及指定代表或委托代理人的身份证复印件（本人签字），应标明具体委托事项、被委托人的权限、委托期限。

（3）股东签署的《公司发起人协议书》（股东为自然人的由本人签字，法人股东加盖公章）。

（4）股东签署的《公司章程》（一式两份，股东为自然人的由本人签字，法人股东加盖公章）。（按照企业法律形式不同，章程不同。）

（5）股东的法人资格证明或者自然人身份证明。股东为企业法人的，提交营业执照副本复印件；股东为事业法人的，提交事业法人登记证书复印件；股东为社团法人的，提交社团法人登记证复印件；股东是民办非企业单位的，提交民办非企业单位证书复印件；股东是自然人的，提交身份证复印件。

（6）依法设立的验资机构出具的验资证明。

（7）股东首次出资是非货币财产的，提交已办理财产权转移手续的证明文件。

（8）董事、监事和经理的任职文件及身份证明复印件。

（9）法定代表人任职文件及身份证明复印件。

（10）依据《公司法》和公司章程的规定和程序，提交股东签署的法定代表的书面决定（股东为自然人的由本人签字，法人股东加盖公章）、董事会决议（由董事签字）或其他相关材料。

（11）住所使用证明。有房产提交产权证复印件；租赁房屋提交租赁协议复印件以及出租方的房产证复印件；未取得房产证的，提交房地产管理部门的证明或者购房合同及房屋销售许可证复印件；出租方为宾馆、饭店的，提交宾馆、饭店的营业执照复印件。

（12）《企业名称预先核准通知书》。

（13）法律、行政法规和国务院决定规定设立一人有限责任公司必须报经批准的，提交有关的批准文件或者许可证书复印件。

（14）公司申请登记的经营范围中有法律、行政法规和国务院决定规定必须在登记前报经批准的项目，提交有关的批准文件或者许可证书复印件或许可证明。

注1：依照《公司法》《公司登记管理条例》设立的一人有限责任公司申请设立登记适用本规范。

注2：《公司设立登记申请书》《指定代表或者共同委托代理人的证明》可以到各工商行政管理机关领取。

注3：以上各项未注明提交复印件的，应当提交原件；提交复印件的，应当注明"与原件一致"并由股东加盖公章或签字。

注4：以上需股东签署的，股东为自然人的，由本人签字；自然人以外的股东加盖公章。

（二）注册登记步骤（以城市工商行政管理办事大厅为例）

1. 核名称

（1）选定名称后到工商网上或工商核名窗口提交预核准企业名称，通过后打印《名称（变更）预先核准通知书》，全体股东亲笔签字。

（2）凭全体股东签字后的《企业名称（变更）预先核准通知书》领取正式的《企业名称预先核准通知书》，领取人必须是股东之一。

2. 入资

（1）可以到办理大厅的入资银行窗口直接入资，也可以通过银行转账汇入银行入资账户，如果是通过银行转账汇入银行入资账户的，汇款后必须到入资银行窗口领取入资单，取入资单时可以由股东带上身份证原件及汇款单亲自办理，也可由代理人办理，代理人办理时除了股东身份证原件和股东汇款单之外，另需代理人身份证复印件。

（2）办理入资时需带上《企业名称预先核准通知书》。

3. 验资

需要的材料有：

（1）《企业名称预先核准通知书》；

（2）入资单；

（3）股东身份证复印件；

（4）询证函（有的事务所不要求提供这个材料）；

（5）法人、董事、经理人员名单及身份证明。

4．预约（此步骤各地有所不同）

（1）取到名称核准件后，到相关工商注册登记网登记注册，审核通过后打印材料，通过电话预约办理登记注册手续。

（2）办理登记注册时需要以下材料：

①《企业设立登记申请书》（第一页申请书需要法人亲笔签字，董事会成员、监事、经理在任职证明需任职人亲笔签字，法人代表登记表需要全体股东签字，产权证明需要产权方签字盖章）；

②《企业名称预先核准通知书》；

③指定委托书（全体股东在委托人处签字确认，受托人必须是单位股东的员工或自然人股东之一）；

④验资报告；

⑤经营场所证明（如产权证上没有写明办公用途的，需出示非住宅用途房屋产权证明）；

⑥各个股东身份证复印件，经办人（法人股东可由法人股东单位的员工办理）身份证复印件；

⑦公司章程。

通常材料提交后，按《登记通知书》指定日期到指定窗口缴纳注册登记费，然后由经办人凭借《登记通知书》和缴费清单到指定窗口领取营业执照（必须由股东亲自办理或者由法人股东的职工代表办理）。

5．刻章

（1）需要刻的章有：公章、财务章、法人名章、合同章，刻章前需到公安局备案窗口办理备案手续。

（2）刻章时需要法人授权书、营业执照副本原件及复印件一份、法人身份证复印件一份。

6．办理组织机构代码证

所需材料物品有：

（1）营业执照原件及复印件一份；

（2）法人身份证复印件一份，非法人办理的需要经办人身份证复印件一份；

（3）公章。

7．办理税务登记证

（1）先办理地税，再办理国税；

（2）取到组织机构代码证书后，到地税局网站点击注册（进入注册登记界面，按系统要求填写企业注册信息，其中表内的用户标识和用户密码最好填写组织机构代码或熟悉易记的数字）；

（3）用刚注册的用户名和密码在本界面登陆，填写税务登记信息，保存后退出；

（4）到税务登记窗口领取《税务登记表》《印花税纳税申报表》《房屋、土地情况登记表》，填写完毕后，连同以下材料交到税务登记窗口办理登记手续：

①营业执照副本原件及复印件；

②组织机构代码证副本原件及复印件；

③法人身份证复印件；

④房屋租赁协议复印件；

⑤公司章程复印件；

⑥公章、法人名章（税务登记表法人签字时要用），股东身份证复印件（《税务登记表》填写股东信息时要用）。

（5）提交登记材料受理后，到缴纳印花税款和税务登记证工本费窗口缴费，然后领取税务登记证，现场取到税务登记证后，到国税登记窗口办理登记手续，所需材料同上述。

8. 银行开户

从申请办理至取到开户许可证书大概需要 8～10 个工作日的时间。需要准备以下材料：

（1）营业执照正本原件及复印件两份；

（2）税务登记证正本原件及复印件两份；

（3）组织机构代码证原件及复印件两份；

（4）公章、财务章、法人名章；

（5）法人身份证复印件两份；

（6）经办人身份证复印件一份；

（7）支票购买人两寸近照两张、身份证复印件一份。

9. 划资

需要准备以下材料：

（1）工商开具的划资单；

（2）入资银行入资时开具的股东账户入资信息的白色卡片；

（3）开户银行许可证原件及复印件；

（4）营业执照副本原件；

（5）公章。

10. 税务所报到

（1）领取税务登记证时，地税和国税窗口同时会给企业一张《报到单》，按照《报到单》上写明的时间和地点到税务所报到。报到时需要带公章、《报到单》、税务登记证副本原件及复印件、营业执照副本原件及复印件，国税报到还需带企业银行开户许可证副本原件及复印件。

（2）国、地税报到时，同时办理网上纳税申报手续，地税次月开始报税，国税看报到时窗口给出的报税通知。

11. 工商所报到

领到执照后需到所管辖的工商所报到，时间不限。

通常在取得税务登记证的当月或次月开始建立财务账套，税务上在取得税务登记证的次月开始申报相关税种。

实践应用

任务：模拟注册公司流程

一、任务背景

王汉荣，一个农村出身的小伙，18 岁时来到深圳打工，用短短的 10 年时间，在宝安开设了当时全市最大的汽车用品中心。

1990 年，王汉荣来到深圳当钟表学徒。1992 年，他跳槽到机械加工厂工作，打磨的是汽车防盗锁。1993 年，在一位远房亲戚的引荐下，他向湖南郴州车管部门推荐了适合当地使用的防盗锁，通过向工厂让利，他成功赚到第一桶金 5 万元。1994 年，有近两年推销生涯的王汉荣已经有不少固定客户了，这时他在宝安 54 区广深高速公路旁开了间好利时汽车五金门市部，并注册了公司。1997 年，王汉荣租下了位于宝安 39 区的旧海关报关大楼一楼 110 多平方米的商铺作为门面，楼上 1000 多平方米的仓库作为仓储式超市。

不到 3 年时间，王汉荣的好利时已经在宝安独占汽车用品市场的鳌头，年销售额达千万元。王汉荣的好利时从此步入了稳定发展期，不仅可以自主生产汽车化工、五金、音箱及布艺等产品，还拥有由全世界范围内的 300 多家采购商组成的采购网络，并向全国 800 多家经销商供货，其中深圳占了八成。

二、任务布置

请说一说从王汉荣的创业故事中得到什么启示。

三、任务分析

首先，王汉荣能够敏锐地洞察到消费者的需求、市场竞争情况和未来发展趋势，根据实际情况创新，提供满足消费者需求的产品或服务。其次，他及时注册公司，租场地、联系相关经销商，说明他有效地整合人力资源、财务资源和物力资源，以实现企业的快速发展和扩张。再次，王汉荣在创业过程中，面对各种挑战和困难，展现了成功创业者坚持不懈的精神，不断努力，以实现企业的成功。最后，他的成功也得益于在做生意时的诚信积累下的好口碑，只有诚信经营才能走得长远。

四、任务拓展

（一）活动形式

以 5～8 人组建小组开展活动。

（二）活动要求

模拟注册公司的流程。

（三）活动步骤

1. 准备文件

请列举需要准备的文件。

_____

_____
_____

_____

2. 登录网站，了解注册程序

请查阅网站信息，写下注册公司的具体程序。

_____

_____
_____

3. 总结

请总结注册公司时的注意事项。

_____

_____
_____
_____

参 考 文 献

[1] 丛子斌. 创新创业教育[M]. 北京：高等教育出版社，2016.

[2] 陈工孟. 创新思维训练及创造力开发[M]. 北京：经济出版社，2016.

[3] 陈爱玲. 创新潜能开发实用教程[M]. 北京：化学工业出版社，2013.

[4] 李家华. 创业基础[M]. 北京：北京师范大学出版社，2013.

[5] 吴晓义. 创新思维[M]. 北京：清华大学出版社，2016.

[6] 胡飞雪. 创新思维训练与方法[M]. 北京：机械工业出版社，2017.

[7] 李伟，张世辉. 创新创业教程[M]. 北京：清华大学出版社，2015.

[8] 朱洁. 创新能力训练[M]. 北京：清华大学出版社，2020.

[9] 王振杰，刘彩琴，刘莲花，等. 大学生创新创业基础[M]. 北京：高等教育出版社，2018.

[10] 唐殿强. 新编创新能力教程[M]. 北京：中国人口出版社，2018.

[11] 杨兆辉，陈晨，夏静. 大学生创新创业基本能力训导[M]. 北京：电子工业出版社，2023.

[12] 王凯，赵荣，李峰. 大学生创新创业理论与实务[M]. 上海：上海交通大学出版社，2018.

[13] 王秀玲. 创青春，赢未来——大学生创新创业实务[M]. 北京：中国人口出版社，2018.

[14] 柴春雷，惠清曦，叶圆怡. 商业模式创新设计案例研究[M]. 北京：中国科学技术出版社，2016.

[15] 徐江，刘惠荣，董占勋. 创新设计 2015 案例研究[M]. 北京：中国科学技术出版社，2016.

[16] 刘曦卉. 企业创新设计路径案例研究[M]. 北京：中国科学技术出版社，2016.

教师服务

感谢您选用清华大学出版社的教材！为了更好地服务教学，我们为授课教师提供本书的教学辅助资源，以及本学科重点教材信息。请您扫码获取。

≫ 教辅获取

本书教辅资源，授课教师扫码获取

≫ 样书赠送

创业与创新类重点教材，教师扫码获取样书

清华大学出版社

E-mail: tupfuwu@163.com
电话：010-83470332 / 83470142
地址：北京市海淀区双清路学研大厦 B 座 509

网址：https://www.tup.com.cn/
传真：8610-83470107
邮编：100084